U0672298

"十二五"国家重点图书出版规划项目

文化系列

南京理工大学史话

A Brief History of NUST

叶 海 季卫兵 主编

社会科学文献出版社
SOCIAL SCIENCES ACADEMIC PRESS (CHINA)

《南京理工大学史话》编辑委员会

总　序

　　中国是一个有着悠久文化历史的古老国度，从传说中的三皇五帝到中华人民共和国的建立，生活在这片土地上的人们从来都没有停止过探寻、创造的脚步。长沙马王堆出土的轻若烟雾、薄如蝉翼的素纱衣向世人昭示着古人在丝绸纺织、制作方面所达到的高度；敦煌莫高窟近五百个洞窟中的两千多尊彩塑雕像和大量的彩绘壁画又向世人显示了古人在雕塑和绘画方面所取得的成绩；还有青铜器、唐三彩、园林建筑、宫殿建筑，以及书法、诗歌、茶道、中医等物质与非物质文化遗产，它们无不向世人展示了中华五千年文化的灿烂与辉煌，展示了中国这一古老国度的魅力与绚烂。这是一份宝贵的遗产，值得我们每一位炎黄子孙珍视。

　　历史不会永远眷顾任何一个民族或一个国家，当世界进入近代之时，曾经一千多年雄踞世界发展高峰的古老中国，从巅峰跌落。1840 年鸦片战争的炮声打破了清帝国"天朝上国"的迷梦，从此中国沦为被列强宰割的羔羊。一个个不平等条约的签订，不仅使中国大量的白银外流，更使中国的领土一步步被列强侵占，国库亏空，民不聊生。东方古国曾经拥有的辉煌，也随着西方列强坚船利炮的轰击而烟消云散，中国一步步堕入了半殖民地的深渊。不甘屈服的中国人民也由此开始了救国救民、富国图强的抗争之路。从洋务运动到维新变法，从太平天国到辛亥革命，从五四运动到中国共产党领导的新民主主义革命，中国人民屡败屡战，终于认识到了"只有社会主义才能救中国，只有社会主义才能发展中国"这一道理。中国共产党领导中国人民推倒三座大山，建立了新中国，从此饱受屈辱与蹂躏的中国人民站起来了。古老的中国焕发出新的生机与活力，摆脱了任人宰割与欺侮的历史，屹立于世界民族之林。每一位中华儿女应当了解中华民族数千年的文明史，也应当牢记鸦片战争以来一百多年民族屈辱的历史。

当我们步入全球化大潮的21世纪，信息技术革命迅猛发展，地区之间的交流壁垒被互联网之类的新兴交流工具所打破，世界的多元性展示在世人面前。世界上任何一个区域都不可避免地存在着两种以上文化的交汇与碰撞，但不可否认的是，近些年来，随着市场经济的大潮，西方文化扑面而来，有些人唯西方为时尚，把民族的传统丢在一边。大批年轻人甚至比西方人还热衷于圣诞节、情人节与洋快餐，对我国各民族的重大节日以及中国历史的基本知识却茫然无知，这是中华民族实现复兴大业中的重大忧患。

中国之所以为中国，中华民族之所以历数千年而不分离，根基就在于五千年来一脉相传的中华文明。如果丢弃了千百年来一脉相承的文化，任凭外来文化随意浸染，很难设想13亿中国人到哪里去寻找民族向心力和凝聚力。在推进社会主义现代化、实现民族复兴的伟大事业中，大力弘扬优秀的中华民族文化和民族精神，弘扬中华文化的爱国主义传统和民族自尊意识，在建设中国特色社会主义的进程中，构建具有中国特色的文化价值体系，光大中华民族的优秀传统文化是一件任重而道远的事业。

当前，我国进入了经济体制深刻变革、社会结构深刻变动、利益格局深刻调整、思想观念深刻变化的新的历史时期。面对新的历史任务和来自各方的新挑战，全党和全国人民都需要学习和把握社会主义核心价值体系，进一步形成全社会共同的理想信念和道德规范，打牢全党全国各族人民团结奋斗的思想道德基础，形成全民族奋发向上的精神力量，这是我们建设社会主义和谐社会的思想保证。中国社会科学院作为国家社会科学研究的机构，有责任为此作出贡献。我们在编写出版《中华文明史话》与《百年中国史话》的基础上，组织院内外各研究领域的专家，融合近年来的最新研究，编辑出版大型历史知识系列丛书——《中国史话》，其目的就在于为广大人民群众尤其是青少年提供一套较为完整、准确地介绍中国历史和传统文化的普及类系列丛书，从而使生活在信息时代的人们尤其是青少年能够了解自己祖先的历史，在东西南北文化的交流中由知己到知彼，善于取人之长补己之短，在中国与世界各国愈来愈深的文化交融中，保持自己的本色与特色，将中华民族自强不息、厚德载物的精神永远发扬下去。

《中国史话》系列丛书首批计200种，每种10万字左右，主要从政治、经济、文化、军事、哲学、艺术、科技、饮食、服饰、交通、建筑等各个方面介绍了从古至今数千年来中华文明发展和变迁的历史。这些历史不仅展现了中华五千年文化的辉煌，展现了先民的智慧与创造精神，而且展现了中国人民的不屈与抗争精神。我们衷心地希望这套普及历史知识的丛书对广大人民群众进一步了解中华民族的优秀文化传统，增强民族自尊心和自豪感发挥应有的作用，鼓舞广大人民群众特别是新一代的劳动者和建设者在建设中国特色社会主义的道路上不断阔步前进，为我们祖国美好的未来贡献更大的力量。

陈奎元

2011 年 4 月

出版说明

　　自古至今，始终坚持不懈地从漫长的文明进程中不断总结历史经验教训，从中汲取有益营养，从而培植广阔的历史视野，并具有浓厚的历史意识，这是我们中国文化独有的鲜明特征，中华民族亦因此而以悠久的"重史"传统著称于世。在整个人类文明史上独一无二、系统完备的"二十四史"即证明了这一点。

　　中华人民共和国成立后，历史知识普及工作被放到十分重要的位置。20世纪五六十年代，著名历史学家吴晗主持编写的《中国历史小丛书》，90年代中国社会科学院院长胡绳组织编写的《中华文明史话》和《百年中国史话》，成为"大家小书"的典范，而后两套历史知识普及丛书正是《中国史话》之缘起。

　　2010年年初，为切实贯彻中央关于"做好历史知识普及工作"的指示精神，同时也为了更好地弘扬中国传统文化，我们对《中华文明史话》和《百年中国史话》

两套丛书的内容进行了修订和增补，重新设计框架，以"中国史话"为丛书名出版。第十一届全国政协副主席、时任中国社会科学院院长陈奎元亲任《中国史话》一期编委会主任，时任中国社会科学院副院长武寅任编委会副主任。正是有了各级领导的关心支持和诸多学术名家的积极参与，《中国史话》一期200种图书得以顺利出版，并广受好评。

《中国史话》丛书的诞生，为历史知识普及传播途径的发展成熟，提供了一种卓具新意的形式。这种形式具有以通俗表述、适中篇幅和专题形式展现可靠历史知识的特征。通俗、可靠、适中、专题，是史话作品缺一不可的要素，也是区别于其他所有研究专著、稗官野史、小说演义类历史读物的独有特征。

囿于当时条件，《中国史话》一期的出版形式不尽如人意，其内容更有可以拓展的广阔空间，为此2013年4月我们启动了《中国史话》二期出版工作。《中国史话》二期分为经济、政治、文化、社会和生态五大系列，拟对中国各区域、各行业、各民族等的发展历史予以全方位介绍。我们并将在适当时机，启动《世界史话》的出版工作。史话总规模将达数千种。

我们愿携手海内外专家学者，将《中国史话》《世界史话》打造成以现代意识展现全部人类历史和人类文明，集学术性、知识性、趣味性于一体的"万有文库"；并将承载如此丰厚内容的史话体写作与出版努力锻造成新时期独具特色的出版形态。

希望史话丛书能在形塑民族历史记忆、汲取人类文明精华、培育现代国民方面有所贡献，并为广大读者所喜爱。

史话编辑部

2014 年 6 月

目 录
Contents

序 ·· 1

一 **巍巍鸿庠** ·· 1

  1. 校区地望 ·· 1

  2. 发展沿革 ·· 7

  3. 历任领导 ··· 12

  4. 文化积淀 ··· 15

  5. 今日校园 ··· 22

二 **矢志长歌** ··· 27

  1. 大任于斯，应时立业（1953～1960）··················· 27

  2. 三地办学，艰苦创业（1960～1966）··················· 40

  3. 玉汝于成，克难守业（1966～1978）··················· 49

4. 蓬勃发展，激情兴业（1978～2008）·············· 57

5. 服务三化，乘势新业（2008年至今）··········· 79

三 国之重器 ··· 96

1. 开国名将 ··· 97

2. 学界翘楚 ··· 105

3. 兵工师魂 ··· 131

四 甲子足音 ··· 140

1. 携梦前行 ··· 140

2. 盛典回眸 ··· 147

参考文献 ··· 158

后 记 ··· 160

序

高等教育是"优秀文化传承的重要载体和思想文化创新的重要源泉"。在全面建成小康社会、全民共谱中国梦新篇章的伟大时代，高校必须"积极推进文化传播，弘扬优秀传统文化，发展先进文化"。就高校自身而言，一所高校的校史是对其办学育人轨迹的记录，其中蕴含着丰富的办学理念、思路、成果以及经验、教训，既是中国现代高等教育发展史的生动缩影，也是引领师生成长、推动学校发展和服务社会文明进步的宝贵教材。

南京理工大学由新中国军工科技最高学府——中国人民解放军军事工程学院分建而成。建校60余年来，学校两迁其址，四易校名，十次变更隶属关系，但始终忠诚使命，心系祖国，胸怀天下，致力于民族振兴和推动社会进步。其间积淀形成的文化传统、精神特质，是学校下一个甲子实现新跨越、铸就新辉煌的宝贵精神财富。正如一位学者所说："没有校史，学校亦无从寻觅其精神故乡，无法从中获得经验，汲取力量。"

开展好校史教育，切实发挥校史的"留史、资政、育人"作用，发掘、梳理、形成一批校史研究成果和普及读物是基本前提。2011年以来，学校全面启动"文化建设三年计划（2011~2013）"，共分13个子项进行专门建设，取得了明显成效，既弥补了先前学校在文化建设方面的短板，也取得一批标志性的文化成果。《南京理工大学校史系列丛书》和《南京理工大学文化系列丛书》（两套丛书共9册）即是其中的代表。在此基础上，根据学校第十一次党代会关于实施"文化引领行动"的要求，由宣传部牵头考虑常态化推进师生校史教育、增强师生文化认同和身份归属的思路、举措和载体，于是编撰、出版一本用于传播校史知识的普及性读物便迫在眉睫。

在中国社会科学院《中国史话》编委会、社会科学文献出版社的大力支持下，《南京理工大学史话》被列入"十二五"国家重点图书出版规划项目《中国史话》系列。《南京理工大学史话》共分"巍巍鸿庠""矢志长歌""国之重器""甲子足音"四个篇章，主要讲述学校的基本情况、历史沿革、精神文化、重大事件、知名学者、发展愿景等内容。该书以学校发展历史为主线，突出光荣传统、办学成就，兼具普及性、可读性和收藏性，期待能为广大师生、校友及社会各界友人了解学校历史及风貌提供有益参考。

　　文稿付梓之际，是为序。

　　　　　　　　南京理工大学校长　伊梦印

　　　　　　　　2014 年 6 月 30 日于钟山南麓

一　巍巍鸿庠

1　校区地望

南京理工大学主校区位于江苏南京孝陵卫 200 号，坐落在紫金山风景名胜区内，与举世闻名的中山陵相对，与世界文化遗产——明孝陵相毗邻。

校园地望历史悠久，自明洪武三十一年（1398）明王朝设立保卫明孝陵的部队以来，历经明、清、民国及中华人民共和国至今，已有 600 余年的历史，其间一直是从事军事教育与训练的机构或院校的驻扎之地。明孝陵卫、清军江南大营、清军旗军官署、国民党陆军教导队、国民政府警卫师等，以及中国人民解放军第二野战军军政大学、第三野战军华东军事政治大学、中国人民解放军第三高级步兵学校、中国人民解放军总高级步兵学校、中国人民解放军高射炮兵学校等先后驻扎于此。1962 年 8 月，中国人民解放军炮兵工程学院由武昌迁此，后历经华东工程学院、华东工学院几个发展阶段，于 1993 年 2 月更名为南京理工大学。

孝陵卫地名的由来

《白下琐言》载："孝陵卫一名钟灵街。"其名源于明孝陵的卫成部队——孝陵卫曾驻守此地。"卫"是明代军队编制的名称，每卫有 5600 人左右，长官称指挥使。卫所驻地均为军事重镇或要害之地。明孝陵是明朝太祖朱元璋和马皇后的陵寝，故设孝陵卫驻守此地以成卫陵墓。

"下马坊遗址公园"中的孝陵卫辕门

在南京理工大学（下文简称南理工）校园的西北角，即学校三号门外向西约 200 余米处的下马坊，即为明孝陵的入口处。下马坊是一座二间柱的石牌坊，额枋上刻"诸司官员下马"六个楷体大字，谒陵的文武官员到此必须下马步行。2007 年 10 月，南京市政府在下马牌坊处建成了"下马坊遗址公园"，将从民间征集来的石马、石柱，与新建的梅花桩、大鼓、旗杆混搭在一起，重现了600年前孝陵卫屯兵大营场景。

明朝以后，孝陵卫不复存在，原卫戍部队驻扎地成为官府设置的非军籍护卫明孝陵的陵兵驻地。由此，明朝的孝陵卫逐渐演化为地名。不知从何时起，许多学生在非正式场合习惯昵称南理工为"孝陵卫皇家理工大学"，与此地驻扎过一支皇家卫戍部队不无关系。

二月兰的故事

二月兰，又名诸葛菜，十字花科诸葛菜属，因农历二月前后开蓝紫色花，故称二月兰。学界泰斗季羡林曾撰文《二月兰》，称"只要有空隙的地方，都是一团紫气，间以白雾，小花开得淋漓尽致，气势非凡，紫气直冲云霄，连宇宙都仿佛变成紫色的了"。南京东郊是二月兰的集中生长地之一，其中尤以南理工校园内水杉林中的成片花海为盛。

据史料记载，1939年春天，遭受了屠城浩劫的古都南京，往日的繁华已被战火摧毁，到处是坍塌的城墙、废墟和白骨……所有的这一切，令日军军医山口诚太郎感到惊诧和不安，于是他开始反思战争、反对战争，并最终被军队革职。回国前夕，当他走出军营，漫步紫金山南麓时，山间盛开的丛丛紫色小花仿佛在向他预示"和平的春天"即将来临。因此，在被遣送回国前他采集了这些紫色小花的12粒种子带回了日本。终其一生，他都在日本各地旅行，怀着对战争的反省与对和平的期盼播撒这种小花的种子。现在，这种紫色小花已开遍了日本全国各地。山口诚太郎不知道这种紫色小花叫什么名字，就将它称为"紫金草"，意为紫金山山脚下的草。山口去世后，他的儿子山口裕继续完成父亲的遗愿，每年在日本各地分发、播撒种子。70 多年过去了，紫金草开满日本大地，被爱好和平的人士誉为"和平之花"。这件事感动了日本的一些艺术家，他们据此创作了合唱组曲《紫金草的故事》。"紫金草合唱团"作为日本著名的民间反战和平团体，活动范围目前也已遍布日本全国各地，并定期到中国来进行演出与文化交流。2005 年 12 月 6 日，日本"紫金草合唱团"与南京理工大学签订了双方长期进行文化交流的协议。2006 年 3 月 26 日，学校正式将长满二月兰的水杉林命名为"和平园"，日本友人、山口诚太郎的儿子山口裕专程来南京参加了"和平园"揭幕仪式。

2011 年 12 月，中国高等科学技术中心、科学时报社和南京理工大学以"大学新使命——文化传承与创新"为主题共同举办第二届"创新中国论坛"。时任校长王晓锋在主题演讲中指出，国防文化是南理工的文化之根，"献身"精神是南理工的文化之魂，而作为学校的国防性质及特色的文化延伸与自然拓展的"和平文化"则是南理工的文化之神。在 2012 级新生开学典礼上，时任校长王晓锋这样寄语新同学："祝福男生都能像一棵棵直指云霄的水杉树，无论顺境、逆境，都能宠辱不惊，保持挺拔的身姿，默默注视头顶那一片蓝天白云；祝福女生能像一丛丛竞相怒放的二月兰，无论机遇、挑战，都能一如既往保持优雅的态度，深深扎根脚下那一片肥沃土地。"

如今，南理工水杉林中的二月兰盛景已是南京著名的"十大春景"之一，给无数人留下美好的印象，著名作家苏童

和平园

也赞叹，"不只在普罗旺斯有这般魅惑般的紫色"。南理工的
学子们还给二月兰花海起了一个浪漫的名字——梦幻地毯。
2012 年，二月兰美景登上了南京 2014 年青奥会"最南京"系
列邮政明信片。

二野军大校部驻地

中国人民解放军第二野战军军事政治大学（简称"二野

军大"），其前身为中原军区军政大学。二野军大于 1949 年 5 月至 1950 年 2 月在南京办学，刘伯承司令员任校长兼政治委员，刘华清任党委书记，徐立行任教育长。学校设四个师级总队（辖 22 个大队）、三个直属团级大队，其中军大校部、第一总队和女生大队驻扎在南理工现址区域。刘伯承、邓小平等军队首长曾在此为军大学员作"白刀子进、红刀子出"和"革命要过'大关三个、小关无数'"等著名演讲。

1949 年 6 月 16 日，刘伯承在二野军大校部操场为第三期 1 万余名新学员作开学动员。他着重讲两个问题：一是怎样认识人民解放和人民解放军的军政大学；二是我们在军大怎样进行学习。这是一次阐明军政大学性质和前途的重要讲话，内容丰富、语言率直，其中"革命是要流血牺牲的，革命是白刀子进、红刀子出"的论断深深震撼了在场的学员。

1949 年 9 月 12 日，还是在校部操场，邓小平为学员做报告。邓小平说："一个青年参加革命后，要过的关是很多的，可以说，'大关三个，小关无数'。哪三个大关呢？第一个关是帝国主义的关，第二个关是封建主义的关，第三个关是社会主义的关。这就是三个大关……"邓小平还强调，在准备参加革命那一天就要准备过关，要不怕艰难困苦，个人要天天提高觉悟、在实际斗争中锻炼。尽管邓小平从下午五时一直讲到晚上十时多，但是台上台下始终精神饱满，邓小平的健谈和诙谐使严肃的会场不时爆发出掌声和笑声。

二野军大于 1949 年 10 月开始进军大西南。随后，华东军区军事政治大学（简称"华东军大"）第二总队入驻孝陵卫。

二野军大标志性建筑

值得一提的是，二野军大内迁重庆后改编而成的第二高级步兵学校（简称"二高"）以及华东军大军事科学研究室，是组建中国人民解放军军事工程学院（简称"哈军工"）的基础之一。哈军工首任院长兼政治委员陈赓曾不无感慨地说："军工是依靠'两老'办院。二野军大血脉延续的第二高级步校，是军工'老革命'的主要来源。"

2　发展沿革

南京理工大学正式得名于 1993 年，由中国人民解放军军事工程学院（简称"哈军工"）炮兵工程系与武昌高级军械技术学校（简称"武高"）在 1960 年合并组建而成，经历了炮兵工程学院时期、华东工程学院时期、华东工学院时期，后更为现名。

哈军工炮兵工程系和武高时期

中央军委于 1952 年 3 月开始筹建哈军工，拟设于哈尔滨，并决定以西南军区第二高级步兵学校、华东军区司令部科学研究室和中国人民志愿军三兵团部分干部为建院的组织基础，陈赓负责筹建工作。1953 年 2 月，中央人民政府人民革命军事委员会命令规定，军事工程学院下设五个系，即空军工程系（一系）、炮兵工程系（二系）、海军工程系（三系）、装甲兵工程系（四系）、工程兵工程系（五系），共 23 个专科。同年 9 月 1 日，中央军委隆重举行学院成立暨第一期学员开学典礼，并举行阅兵式，中国人民解放军军事工程学院（哈军工）正式宣告成立。1959 年 12 月，中央军委办公会议决定，将哈军工的炮兵、装甲兵、工程兵三个系分出，分别成立炮兵、装甲兵、工程兵三个工程学院。

武高是在 1948 年 11 月成立的东北野战军后勤青年干部学校基础上发展而成。1949 年 3 月，东北野战军后勤青年干部学校更名为第四野战军后勤青年干部学校。1950 年 5 月，第四野战军后勤青年干部学校更名为第四野战军后勤干部学校。同年 7 月，第四野战军后勤干部学校更名为中南军区后勤干部学校。1951 年 2 月，中南军区后勤干部学校更名为中南军区后勤军械学校。同年 5 月，中南军区后勤军械学校更名为中国人民解放军第四军械学校。1952 年 10 月，中央军委总参谋部决定，中国人民解放军第四军械学校改称中国人民解放军高级炮兵技术学校。1953 年 1 月，武昌高级炮兵技术学校正式成立，为我军第一所专门培养军械领导干部的高级学校。1956

年 2 月，国防部决定，武昌高级炮兵技术学校改称武昌高级军械技术学校，编制为军级，番号为 5201 部队，隶属中央军委总军械部，主要培养部队军师团军械业务领导干部。

炮兵工程学院时期

1959 年 12 月 31 日，中央军委第 15 次办公会议决定：将军事工程学院的炮兵、装甲兵、工兵三个系分出，分别成立炮兵工程学院、装甲兵工程学院和工程兵工程学院。1960 年 2 月，中央军委第 30 次办公会议重申："炮兵工程学院仍按 15 次办公会议决定，以武昌高级军械技术学校为基础扩建，由炮兵同总后办理移交。"会议决定："以武昌高级军械技术学校和军事工程学院炮兵工程系为基础组成的炮兵工程学院，其建制领导属军委炮兵，编制为兵团级。"同年 4 月，军委总参谋部、总政治部发文宣布："炮兵工程学院正式组成。"

1962 年 1 月，根据总后勤部、炮兵司令部联合通知，决定将炮兵工程学院七系和一系二科分别移交后勤学院和后勤工程学院。同月，总参谋部、总政治部 [1962] 参校字第 35 号文件指出：根据军委第 119 次办公会议决定，炮兵工程学院调驻南京高射炮兵学校校址和炮兵预校校址。9 月，学院在南京孝陵卫正式开学。

1965 年 6 月，根据军委办公会议决定，炮兵工程学院自 1965 年 7 月起，划归国防科委领导。

华东工程学院时期

1966 年 1 月，国防科委通知，炮兵工程学院改称华东工程学院，4 月 1 日起启用新印章。在院工作的军事人员于当年

3月集体办理了转业手续。4月，学院变更机构设置，设4部1室5系。4部为政治部、教务部、院务部和基础课部，1室为院办公室，5系为一系（炮兵兵器系）、二系（火箭武器系）、三系（火炸药系）、四系（炮兵仪器系）、五系（留学生系）；专业由13个调整增加到16个。

1970年1月，国务院、中央军委决定，国防科委所属的华东工程学院划归国务院第五机械工业部，由所在省的"革命委员会"和主管部门实行双重领导。1971年8月，经五机部批准，太原机械学院轻武器专业90余名专业人员调入学院。1972年2月，学院签署接收汤山南京军区炮兵弹道测试站协议。弹道测试站于1974年正式交付，被命名为"汤山试验场"。1978年2月，国务院国发〔1978〕27号文件批准教育部《关于恢复和办好全国重点高等学校的报告》，学院被列为全国88所重点院校之一。8月，经江苏省和五机部批准，西北工业大学航炮专业22人调来学院，划归一系火炮专业。8月，经国务院、中央军委国发〔1978〕160号文件批准，选调57名专业教师去炮兵技术学院工作。

华东工学院时期

1984年7月，经兵器部〔1984〕兵工教字873号文件批准，学院改名为华东工学院，10月1日起启用新印章。

1986年11月，学院与江苏省军区后勤部就孝陵卫靶场（占地130亩）的产权签署了协议书。根据协议，学院将院区东南角农场的101.47亩土地，划给江苏省军区后勤部，江苏省军区后勤部将射击场全部划给学院。12月，江苏省政府批准学院征用江宁县陶吴乡红星大队谭村生产队约 59 亩土地用作民爆所爆炸试验场。

1987 年，学院划归国家机械工业委员会管理。

1988 年，原国家电子工业部与机械工业部合并成为机械电子工业部，学院隶属新成立的机械电子工业部。

1991 年 1 月，学院隶属新成立的中国兵器工业总公司。

南京理工大学时期

1993 年 2 月，国家教委正式下文，同意华东工学院更名为南京理工大学，自 4 月 1 日启用新印章。同年 3 月，经贸部、国家科委等单位赋予全国首批 100 家科研院所对外贸易经营权，学校为当时获此经营权的全国 7 家高校之一。

1998 年 6 月，国家发展计划委员会正式批复学校"211 工程"建设可行性报告，这标志着学校正式进入"211 工程"国家立项建设。同年，学校划归新组建的国防科工委管理。

1999 年 3 月，经江苏省人民政府批准，江苏省外经贸委所属的省外贸学校、外贸职工大学整体并入学校，与成人教育学院合并组建成立学校高等职业技术学院。

2004 年 5 月，教育部批准学校正式建立研究生院。12 月，学校与南京市江宁区汤山镇人民政府签署征地协议，进一步建设汤山军工试验中心。

2008 年 6 月，国家工业和信息化部正式挂牌，学校与其他 6 所原国防科工委管理的高校正式隶属工业和信息化部。

2011 年 7 月，教育部、财政部正式通知学校编制并上报优势学科创新平台建设方案和项目预算，标志着学校继进入

"211 工程"建设序列后再次获得重大突破，正式跻身"985工程国家优势学科创新平台"重点建设高校。

3 历任领导

陈 赓 大将 军事工程学院院长（1953 年 7 月至 1961 年 3 月）

军事工程学院政委（1953 年 7 月至 1958 年 5 月）

刘居英 少将 军事工程学院院长（1961 年 3 月至 1966 年 4 月）

谢有法 中将 军事工程学院政委（1958 年 5 月至 1966 年 4 月）

赵唯刚 大校 军事工程学院炮兵工程系主任（1953 年 7 月至 1958 年 12 月）

贺振新 少将 军事工程学院炮兵工程系政委（1955 年 1 月至 1960 年 6 月）

贾 克 大校 武昌高级军械技术学校校长（1956 年 2 月至 1959 年 12 月）

黄延卿 大校 武昌高级军械技术学校校长（1959 年 12 月至 1960 年 7 月）

孔从洲 中将 炮兵工程学院院长（1960 年 6 月至 1964 年 7 月）

廖成美 少将 武昌高级军械技术学校政委（1956 年 2

月至 1960 年 7 月）

炮兵工程学院政委（1961 年 5 月至
1966 年 4 月）

李仲麟　少将　　炮兵工程学院院长（1964 年 7 月至
1966 年 4 月）

华东工程学院院长、党委书记（1966
年 4 月至 1968 年 10 月）

华东工程学院院长（1981 年 1 月至
1983 年 4 月）

齐　陶　　　　华东工程学院革委会主任、党的核心小
组组长（1968 年 10 月至 1975 年 9 月）

周伯藩　　　　华东工程学院革委会主任、党委书记
（1975 年 9 月至 1977 年 7 月）

霍宗岳　　　　华东工程学院革委会主任、党委书记
（1977 年 7 月至 1979 年 7 月）

明　朗　　　　华东工程学院院长（1979 年 7 月至
1981 年 1 月）

华东工程学院党委书记（1979 年 7 月
至 1983 年 12 月）

冯缵刚　教授　华东工程学院院长（1983 年 4 月至
1984 年 10 月）

华东工学院院长（1984 年 10 月至 1988
年 1 月）

汪寅宾　副教授　华东工学院党委书记（1983 年 12 至

1988 年 1 月）

曲作家　教授　华东工学院党委书记（1988 年 1 月至
1993 年 4 月）

南京理工大学党委书记（1993 年 4 月
至 1996 年 1 月）

李鸿志　教授　华东工学院院长（1988 年 1 至 1993 月
年 4 月）

南京理工大学校长（1993 年 4 月至
2000 年 3 月）

徐复铭　教授　南京理工大学党委书记（1996 年 1 月
至 2000 年 3 月）

南京理工大学校长（2000 年 3 月至
2006 年 12 月）

郑　亚　教授　南京理工大学党委书记（2000 年 3 月
至 2006 年 3 月）

陈根甫　研究员　南京理工大学党委书记（2006 年 12 月
至 2013 年 1 月）

王晓锋　教授　南京理工大学党委书记（2006 年 3 月
至 2006 年 12 月）

南京理工大学校长（2006 年 12 月至
2015 年 6 月）

尹　群　教授　南京理工大学党委书记（2013 年 1 月
至今）

付梦印　教授　南京理工大学校长（2015 年 6 月至今）

4　文化积淀

办学理念：以人为本　厚德博学

"以人为本"出自《管子·霸言》："夫霸王之所始也，以人为本。本理则国固，本乱则国危。""以人为本"在《管子》中侧重于讲治国，学校以之为办学理念，强调的是办学育人。其内涵主要有两层：一是以教师为本，二是以学生为中心。高校最根本的任务是育人，师资队伍的质量决定着学校教学、科研、社会服务和文化传承创新的质量，学生的全面发展和成长成才则关系到社会和国家的未来。

"厚德"出自《易经》："地势坤，君子以厚德载物。""博学"出自《论语》："博学而笃志，切问而近思。""厚德博学"即号召师生在崇尚道德、重视德育、不断修德的同时，广泛而深入地学习，从而将道德和学问统一起来，成为品行优

镌刻于学校正门的办学理念

良、知识渊博的人。

2003 年，学校以迎接 50 周年校庆为契机，在全面总结办学经验、多方位展示辉煌成就的同时，组织全校师生开展"办学理念与发展战略"研讨活动，研讨活动形成了《南京理工大学关于办学理念与发展战略的若干意见》，其中将"以人为本，厚德博学"确定为学校的办学理念。"以人为本，厚德博学"，凝聚了学校 60 余年办学思想的精髓，彰显着新形势下南理工人的信念与追求。

校训：进德修业　志道鼎新

校训是学校回顾总结 60 年来办学思想、办学经验所形成的重要成果。"进德修业"语出《周易·乾》："子曰：君子进德修业，忠信，所以进德也，修辞立其诚，所以居业也。""进德"，意为增进德行，体现学校崇尚"立德树人""育人为本""以德为先"，将提高师生道德修养作为其立身治世的前提与目标。"修业"，意为修习学业、成就事业，体现学校办

校训（王卫平　书法）

学育人的境界，即：教师诲人不倦，勤业、精业、乐业；学生
孜孜以求，创新、创业、创优。

"志道鼎新"，取意"探究道理，创造新知"。"志道"语
出《论语·述而》"志于道、据于德、依于仁、游于艺"，蕴
含着探寻事物的本质规律、追求科学真理之意，勉励师生把探
索"道"作为孜孜以求的目标。鼎，树立之意，语出《周
易·杂卦》："革，去故也，鼎，取新也。"鼎新，引申为发现
与创造新思维、新知识。

从哈军工创建至今，学校始终以与生俱来的使命感和责任
感践行"献身国防、维护和平、繁荣祖国"的崇高理想，严
谨治学、勇于赶超、自主创新，形成了以"献身"精神为核
心的优良校风，已经成为中国现代兵器技术的人才摇篮和国防
科技创新的重要基地，为我国国防现代化和经济社会发展做出
了重要贡献。面对建设创新型国家、走新型工业化道路的国家
发展战略，广大师生只有继续坚持修身立德、专注事业、探求
新知、超越创新，才能同修共进、攻坚克难、勇立潮头，不断
培育拔尖人才、成就盛德大业。

2012 年第十三次常委会和 2013 年第九次常委会分别审议
确定了校训的表述及释义，并以南理工党委〔2013〕78 号文
件予以公布。2014 年 12 月 2 日，《光明日报》"校训的故事"
专栏以《进德修业 志道鼎新——南京理工大学强军兴国的
根和魂》为题，刊文介绍学校校训的故事。

校风：团结 献身 求是 创新

20 世纪 80 年代，学校以 1953 年 8 月毛泽东主席为哈军工

颁发的《中央人民政府人民革命军事委会训词》为指导，经过征集、提炼，将"团结　献身　求是　创新"确定为学校校风。经过近30年的积淀、传承与弘扬，其已为广大师生、校友等所熟知，并逐渐内化为师生的言行、品德之中。2003年，学校于50周年校庆前夕，对校风进行了诠释：团结是包容，是协作，是团队合作的凝聚力量；献身是奉献，是追求，是执着进取的精神境界；求是是探索，是求真，是理性务实的科学素养；创新是批判，是创造，是成就进步的不竭源泉。

镌刻于学校二道门的八字校风，由著名书法家武中奇题写

　　"团结　献身　求是　创新"八字校风的最关键、最核心的精神是"献身"，这一点得到了广大师生校友和社会各界的高度认可。

　　从历史传统的角度看，"献身"居于核心地位。学校是一所具有光荣革命传统和浓厚军工传统的全国重点高校，长期以来，"繁荣祖国、强大国防"一直是其重要使命。国防科技事业作为学校发展之"基"，是一项神圣而特殊的事业，关乎国家安全与民族尊严，投身其中的人们必须要有"献身"精神。

从八字校风的内在关系上看，"献身"同样居于核心位置。"团结"需要放弃或牺牲一些个人和小集体的利益，这是一种"献身"；"求是"意味着执着追求真理，而追求真理也需要"献身"精神；"创新"更需要全身心地投入与无畏地探索，这同样需要"献身"精神。没有"献身"精神，就难以达到"团结"、"求是"和"创新"。这种"献身"精神，在南理工人身上具体表现为甘于奉献、勇于超越。正是这种精神，把来自五湖四海的南理工人凝聚成一股巨大的力量，为着同一份事业共同奋斗；正是这种精神，激励着南理工人不断进取，努力在教育教学、科学研究、服务社会和文化传承创新等各个领域为国家做出更大的贡献；正是这种精神，让南理工人始终以"繁荣祖国、强大国防"为己任，默默地创造着一个又一个奇迹。

学校坚持把"献身"精神作为素质教育的重要内容之一，注重国防教育与素质教育相结合，以培养学生献身国防的责任感和使命感。"国防情结"与"献身精神"，已经成为南理工学子鲜明的特质。2007 年，教育部本科教学工作水平评估专家组对学校本科教学工作进行评估。评估专家组认为，南理工在半个多世纪的建设发展历程中，始终以强大国防为己任，形成了"肩负国防使命、弘扬献身精神"的鲜明育人特色。

校歌：《使命》

校歌是一所大学的文化符号，是大学文化和形象的重要组成部分，也是体现学校特色、凝聚人心、激励师生的精神旗帜。南京理工大学的校歌《使命》，是在 2013 年校庆 60 周年

中央人民政府人民革命军事委员会训词

军事工程学院院长和全体教授、助教、学员、工作人员同志们！

当你们开学的时候，我向你们致以热烈的祝贺！

在此时机，我并衷诚帮助我们计划和创办这个学院的苏联政府、苏联顾问表示衷心的感谢！

中国人民解放军军事工程学院的创办，对于我国的国防事业具有极重大的意义。为了建设现代化的国防，我们的陆军、空军和海军都必须有充分的机械化的装备和设备，这一切都不能离开复杂的专门的技术。我们迫切需要，就是要有大批能够掌握和驾驶技术的人，并使我们的技术能够得到不断的改善和进步。今天我们迫切需要的，就是要我们军事工程学院的创办，其目的就是为了解决这个迫切而光荣的任务。

军事工程学院的创办，这是我们建军史上的优良传统，有更加重要的意义。我们必须学习苏联的先进科学和技术知识，学习苏联同志高度的爱国主义和国际主义精神，特别是全心全意为人民服务的精神和自我牺牲性的英雄气概。这是在你们的学院，是和全军一样，必须充分领会和一刻也不可忘记的。

向苏联学习，这是我们建军史上的优良传统，有更加重要的意义。我们必须学习苏联的学习态度和工作态度，学习苏联工程建设的丰富经验。在学习上应该是虚心诚恳，不要学到一点就自满和骄傲。

和国际主义精神，保持和发扬中国人民解放军的光荣传统，特别是全心全意为人民服务的精神和自我牺牲性的英雄气概。这是在你们的学院，是和全军一样，必须充分领会和一刻也不可忘记的。

希望你们团结一致，办好学院，尊重顾问，努力学习，为完成人民革命军事委员会给予你们的光荣任务而奋斗！

主席 毛泽东

一九五三年八月二十六日

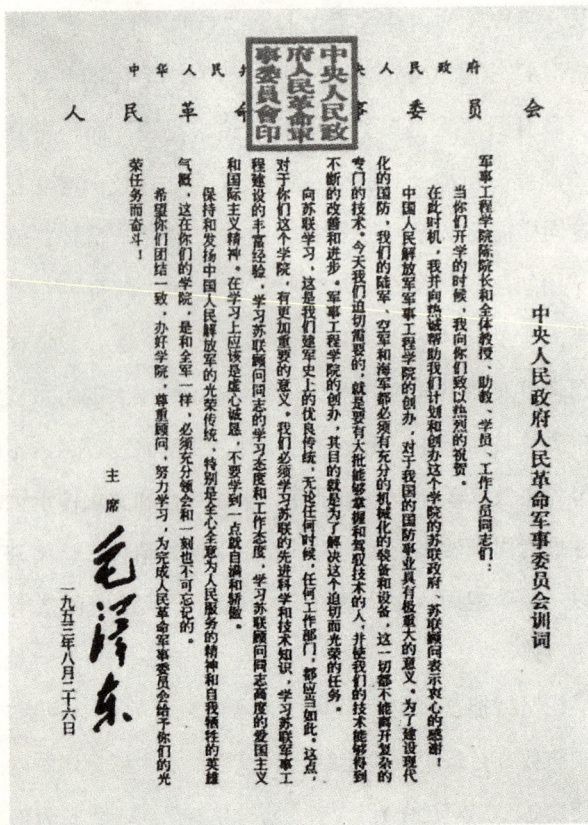

毛泽东主席为哈军工成立颁发的《训词》

之际创作完成，由马千里等集体作词，著名音乐家、国家一级作曲家吴小平教授谱曲。

歌词如下：

荟萃北国，军工学府声名远；挥师江南，龙腾钟山薪火传。参天杉林傲立风霜雨雪，二月兰花唱响青春礼赞。

师生齐唱校歌《使命》

进德修业，赤子英才气浩然；志道鼎新，春华秋实宏图展。团结献身铸造国之利器，求是创新高扬复兴风帆。徜徉知识海洋，探索天地寰宇，我们肩负神圣使命，创造美好灿烂的明天！创造美好的明天！

歌词简洁明了、气势恢宏、富有特色、浑然一体，涵盖了学校发展史（从哈尔滨到武昌、南京，从哈军工到独立建校），体现了学校校址（紫金山麓）、校训（进德修业 志道鼎新）、校风（团结 献身 求是 创新）、校园风光（水杉林、二月兰）等独特的文化元素。

学校标识

校标是学校品牌形象的综合展示，能够彰显学校的文化理念和价值追求。南京理工大学校标的设计、确定和推广使用始

校标（第三版）

于20世纪90年代初。目前使用的图案为第三个版本，由学校设计艺术与传媒学院王辉副教授主持设计，在吸取了广大师生及校友的有关意见和建议后，于2013年5月经学校校长办公会议审议通过。

学校校标为双圆套圆形徽标。内圆中包括镌刻有校风"团结、献身、求是、创新"的二道门、代表军工文化的盾牌、和平文化的橄榄枝、代表学术殿堂的书卷及放飞梦想的翅膀等形象，以及建校时间"1953"字样；内圆与外圆之间，上方为规定字体的"南京理工大学"校名，下方为规定字体的南京理工大学英文大写。

学校标识色为紫金色，色值：C-60 M-95 Y-10 K-0，R-153 G-0 B-153。

5 今日校园

经过60多年的建设与积淀，今天的南京理工大学已经成为我国高素质人才培养的重要基地、科技创新的重要源头、社会服务的重要支撑和文化传承创新的重要依托。

在学科专业方面，学校目前拥有一级学科国家重点学科2个、二级学科国家重点学科4个（国家重点学科覆盖的二级学科总数为9个）；有5个江苏省优势学科、7个江苏省一级重点学科、7 个工信部重点学科；学校有 9 个国家级特色专业、34 个江苏省品牌特色专业、4 个国防重点建设专业。在教育部第三轮全国高校学科评估中，学校共有 14 个学科参评，3 个学科排在前 10 位，其中，兵器科学与技术排在第 1 位。学校设有 16 个一级学科博士后流动站、16 个一级学科博士学位授权点、30 个一级学科硕士学位授权点，具有金融硕士、国际商务硕士、社会工作硕士、翻译硕士、工程硕士、工商管理硕士（MBA）、公共管理硕士（MPA）、会计硕士、图书情报硕士、工程管理硕士 10 个专业学位授予点。此外，学校还具有在职人员以同等学力申请博士、硕士学位的授予权以及外国留学生和港澳台学生的招生权。

在学院设置方面，学校目前设有机械工程学院、化工学院、电子工程与光电技术学院、计算机科学与工程学院、经济管理学院、能源与动力工程学院、自动化学院、理学院、外国语学院、人文与社会科学学院、材料科学与工程学院、环境与生物工程学院、设计艺术与传媒学院、知识产权学院 14 个专业学院，建有研究生院、教育实验学院、中法工程师学院、国际教育学院、继续教育学院，并与合作方联合创办了南京理工大学紫金学院和南京理工大学泰州科技学院 2 个独立学院。其中，学校知识产权学院由国家知识产权局、工业和信息化部、江苏省人民政府等联合共建。

在师资力量方面，学校目前拥有教职工 3000 余人，有专任教学科研人员 1800 余人，其中包括：两院院士 10 人（含双聘），德国科学院院士 3 人，俄罗斯工程院院士 1 人，"千人计划"国家特聘专家 12 人，长江学者特聘教授、讲座教授 11 人，"国家杰出青年基金"获得者 7 人，"国家级教学名师奖"获得者 3 人，国务院学位委员会学科评议组成员 5 人，"973 计划"首席科学家 5 人，"国家级有突出贡献中青年专家"5 人，政府特殊津贴获得者 178 人；"新世纪百千万人才工程"入选者 11 人，教育部"新世纪优秀人才支持计划"入选者 27 人，"江苏特聘教授"5 人，国防科技工业"511 人才工程"22 人，江苏省"高层次创新创业人才引进计划"4 人，江苏省"333 高层次人才工程"137 人，江苏省高校"青蓝工程"80 人；教育部"长江学者和创新团队发展计划"创新团队 4 个，国家级教学团队 5 个，国防科技创新团队 7 个，江苏省创新团队 11 个。

在人才培养方面，学校目前有各类在籍学生 3 万余人。学校立足培养全面发展的高质量人才，不断深化教育教学改革，坚持"宽专业、厚基础，重能力、高素质"的原则，以"人文精神、科学素养、创新能力"和谐统一为目标，构建了特色鲜明的人才培养体系。60 多年来，学校累计为国家培养输送了 15 万余名各类高级专门人才，其中 11 人当选为中国科学院、中国工程院的院士，许多人成为高校、科研机构、企业和政府部门的中坚力量，为学校赢得了良好的社会声誉。

在科学研究方面，学校目前设有 50 余个研究机构，拥有 1 个国家级重点实验室、1 个国家级工程技术研究中心、1 个国家级技术研究推广中心、1 个国家级技术转移示范机构、1 个国家级质检中心、8 个部省级重点实验室、4 个省级哲学社会科学研究基地，并以其为依托承担了一大批国家重大科研任务，取得了一批标志性的科研成果。"十一五"期间，学校科技活动经费达 26.78 亿元、学校获得省部级及以上科技奖励 140 余项，其中国家级科技奖励 11 项（其中国家自然科学二等奖 2 项，国家技术发明二等奖 3 项，国家科技进步二等奖 6 项）；共发表论文 12660 余篇，其中，被 SCI 和 EI 收录的论文分别为 1562 篇、3045 篇，出版学术著作 281 部，获得专利授权 456 项，各项指标均位居全国高校前列。学校是江苏省唯一连续 4 届获得"江苏省十大专利金奖"和"十大发明专利人"称号的单位，先后荣获"全国专利工作试点示范高校""国防科技工业知识产权推进工程先进单位"等荣誉称号，并创办了全国第一个依托大学和大学科技园建设的国家专利产业化试点基地。

在国际交流方面，学校目前已经和近百所海外知名高校建立了密切的合作关系，开展各类交流合作。经教育部批准，学校与美国卡内基梅隆大学和英国考文垂大学举办了 2 个中外合作办学项目，分别培养机器人专业硕士研究生和工业设计专业本科生；与德国慕尼黑工业大学等 20 多所海外知名高校签署了学分互认、学位互授等多种形式的联合培养人才协议，每年选派 300 名学生到海外短期学习交流或攻读学位。学校注重与境外高水平大学和科研机构开展科研合作，先后与德国卡尔斯鲁厄理工学院建立了格莱特纳米科技研究所，与法国里尔科技大学、意大利米兰理工大学、白俄罗斯戈梅立国立大学等多所高校和科研机构建立了 7 个联合研究中心或实验室，每年来校开展合作研究、讲学等学术交流活动的境外专家学者达400人次之多。

在办学条件方面，学校坐落在钟灵毓秀、虎踞龙盘的古都南京，北依紫金山，西临明城墙，校园占地3118亩。校园内曲塘激滟，佳木葱茏，碧草如茵，景色宜人，与中山陵风景区浑然一体，是修身治学的理想园地。校舍建筑总面积为94万平方米，固定资产总值为25亿元，各类基础设施齐全，后勤服务系统完善。现有实验室59个，各类教学科研仪器设备价值9.9亿元；图书馆藏有中外文图书文献240余万册。学校于1994年成立了由多家政府机构和企事业单位组成的南京理工大学董事会，学校与董事单位形成深层次、长期稳定的合作关系，互利互惠、相互支持，实现了校企相互促进与和谐发展。为拓宽筹措办学资金渠道，凝聚各方兴学力量，学校于2006年成立了教育发展基金会，支持学校在人才培养、科学研究和社会服务领域不断追求卓越。每年社会各界通过基金会在学校设立各类奖教金、奖助学金50余项，受益师生达3000余人次。

二　矢志长歌

南京理工大学 60 周年校庆前夕，诺贝尔奖获得者、著名华裔科学家李政道先生专门为校庆题词："北国江南一甲子，理工教育六十年。"

南理工的这 60 年，是一部与国家命运紧密相连、豪情万丈的创业史；这 60 年，是一部忠诚献身使命、服务社会、热情高亢的创造史；这 60 年，更是一部自强不息、埋头苦干、激情无限的创新史。

1　大任于斯，应时立业（1953～1960）

哈军工的创建

1950 年 6 月 25 日，朝鲜战争爆发。10 月，中国人民志愿军应朝鲜请求赴朝作战，抗美援朝。朝鲜战争使毛泽东意识到，新中国亟须加强国防现代化，急需大批军事技术干部，任务十分紧迫。在此形势下，党中央决定即速组建军事工程技术学院。1952年3月26日，毛泽东在代总参谋长聂荣臻和副总参谋长粟裕向中央军事委员会呈送的《关于成立军事工程学院的报告》上批示："同意"。

1952年6月11日，中国人民志愿军代司令员陈赓奉调回国。6月23日下午，毛泽东、周恩来、朱德、彭德怀在中南海怀仁堂接见陈赓。陈赓汇报了朝鲜战场战略相持的特点和敌我双方的态势。陈赓说："我们是用手榴弹打敌人的榴弹炮，用炸药包打敌人的坦克车，用缴获日本鬼子的'三八式'把美国鬼子赶回'三八线'。如果我们也有飞机、大炮、坦克车，用不了几个月时间，也不用付出这么大的代价就能把美国鬼子赶到大海里去。"为解决技术装备落后的问题，建设现代化的军队，毛主席提出中国人民解放军有必要建立一所高等军事工程技术院校，由陈赓负责筹建并担任院长兼政委。同日，中央军委下达毛泽东主席《关于全国军队院校调整的命令》，决定筹建军事工程学院，拟设于哈尔滨，培养陆海空军高级技术人员，并决定以西南军区第二高级步兵学校（原为西南军政大学）、华东军区司令部科学研究室和中国人民志愿军三兵团部分干部为建院的组织基础，调中国人民志愿军第二副司令员陈赓同志负责筹建工作，并要求学院1953年9月1日开学。

陈赓受命后，针对当时一无所有的情况，向周恩来总理提出边建校舍、边请教授、边招生开课的"三边并举"的办学方案，得到周恩来的同意。军事工程学院的建设由此拉开序幕。

1952年9月23日，组建军事工程学院的三支力量抵达哈尔滨。其中，西南军区第二高级步兵学校共 700 余名排级以上干部从重庆陆续到哈尔滨，当年 11 月全部抵达；华东军区司令部军事科学研究室 31 名同志和志愿军三兵团部分干部于翌年 3 月前陆续到达哈尔滨。

1952 年 12 月 5 日，军事工程学院召开第一次办公会议。陈赓宣布了中央军委批准的院系组织机构。院直机关下属七部（政治部、干部部、科学教育部、科学研究部，技术器材部、行政队列部和物资保障部）、两处（财务处和保密处）、一个办公室；学校下设五个系和一个预科总队，五个系为空军工程系（一系）、炮兵工程系（二系）、海军工程系（三系）、装甲兵工程系（四系）、工程兵工程系（五系）。会议一并宣布了院系领导的职务安排：教育长为徐立行；副教育长兼物资保障部、技术器材部和行政队列部部长为李懋之；政治部副主任兼干部部部长为张衍；科学教育部部长为张述祖。五个系的主任分别为唐铎（未到职前由徐介藩代理其职务）、赵唯刚、黄景文、徐介藩、唐凯。在办公会上，陈赓提出了既要依靠老教授也要依靠老干部的"两老办院"方针。他强调行政干部"既要看到自己的二万五，也要看到人家的十年寒窗苦"，勉励干部要尊重知识分子，全院树立尊师重教的良好风气。

1953 年 1 月 3 日，第一期学员与助教进入学院，军事工程学院学员大队成立。刘吉林任大队长，邓易非任政治委员。学院将 987 名新生编为 6 个学员队；300 余名助教被分编为 3 个区队和若干专业组，接受军事训练。陈赓院长为首批到院的学员和助教做报告，他说："帝国主义欺负了我们一百多年，现在还在欺负我们，你们一定要立志改变我军技术装备落后的状态，下决心学好专业，为国防现代化贡献自己的力量。"

同年4月25日，军事工程学院基建破土动工。学院地址选在当时哈尔滨市南岗区文庙街。据资料记载，1953～1955年，新建校舍167栋，最高为7层，部分为平房，最大面积为47000平方米，最小约为200平方米，共计41万平方米。其中教学用房占46.5%，办公用房占7%，宿舍占39%，食堂占2.3%，其他用房占5.2%。学校基本上解决了上课、实验和辅助教学所需的用房问题；本着"挤着住"和"勤俭建院"的原则，生活住房也得到了初步改善，学校为教学、科研和生产、生活创造了较好的条件。特别是作为教学楼的11～51号楼，楼体厚实，有中国古代宫殿式的飞檐，建筑风格为中西结合，美观耐用。其中21号楼（即炮兵工程系教学大楼，炮兵

21号楼屋檐标识

工程系 1960 年分建后此楼作为原子工程系教学大楼），屋檐上的标识是一名骑兵及其身后五门大炮的模型。

同年 7 月 11 日，学院成立学员入学考试委员会，并举行第一次会议。陈赓为主任委员，炮兵工程系副主任刘吉林是委员之一。7 月 20 日，第一期学员入学考试开始。8 月 15 日，经过近一个月的时间，第一期学员本科入学考试结束，共有 795 名学员进入本科学习。8 月 24 日，学校按照个人志愿与组织需要相结合的原则进行专业调配，共 180 名分到炮兵工程系。

1953 年 8 月 26 日，中央军委毛泽东主席为军事工程学院成立暨第一期学员开学题写《中央人民政府人民革命军事委员会训词》（下文简称《训词》），为学院院报题写报名"工学"。《训词》阐述了哈军工的办学宗旨、培养目标、工作与学习作风等。《训词》指出："中国人民解放军军事工程学院的创办，对于我国国防事业具有极重大的意义。为了建设现代化的国防，我们的陆军、空军和海军都必须有充分的机械化的装备和设备，这一切都不能离开复杂的专门的技术。今天我们迫切需要的，就是要有大批能够掌握和驾驭技术的人，并使我们的技术能够得到不断的改善和进步。军事工程学院的创办，其目的就是为了解决这个迫切而光荣的任务。"《训词》还指出："保持和发扬中国人民解放军的光荣传统，特别是全心全意为人民服务的精神和自我牺牲的英雄气概，这在你们的学院，是和全军一样，必须充分领会和一刻也不可忘记的"，"希望你们团结一致，办好学院，尊重顾问，努力学习，为完成人民革命军事委员会给予你们的光荣任务而奋斗！"

中国人民解放军军事工程学院于1953年9月正式开学。9月1日下午，学院隆重举行中国人民解放军军事工程学院成立暨第一期学员开学典礼，并举行了阅兵式。中央军委代表、时任国防部副部长、副总参谋长张宗逊代表中央军委给学院授"八一"军旗，并在大会上宣读毛泽东主席给学院题写的《训词》。周恩来、朱德以及刘伯承、贺龙、罗荣桓等军委首长均题词祝贺，总参、总政、总干、总后、军事训练部、军校管理部、志愿军、各大军区、各军兵种、各兄弟院校也发来贺电、贺信，并派代表参加开学典礼。院长兼政治委员陈赓同志庄严宣布："中国人民解放军军事工程学院——我国历史上第一所军事工程学院正式成立了！"

中国人民解放军军事工程学院成立暨第一期学员开学典礼

哈军工正式成立后，各项工作全面展开。值得一提的是，哈军工高度重视教学工作，将培养高素质人才作为首要任务。1954年7月中旬，《第一期教学计划》经毛泽东审阅后下发。教学计划中，陈赓对学院的培养目标有如下论述："走出我们学院大门的毕业学员，他们必须是政治上坚定、无限忠于党和人民，忠于祖国，具有高度爱国主义和国际主义精神的军事工程师；他们必须是精通并善于使用本兵种技术兵器，能够独立完成工程任务，并具有高度组织、纪律性、较高文化程度和一定军事素养的军事工程师；他们是忠诚老实、勇敢顽强、富有主动性、警惕性、不怕困难并善于克服困难的军事工程师；又是能够教育与培养其部属、体格坚强、能忍受军事勤务中一切艰难困苦的军事工程师。"

1956 年 5 月 10 日至 25 日，中国共产党军事工程学院第一次代表大会召开，正式代表为 326 名，列席代表为 109 名。大会选出由陈赓、刘居英、刘有光、张衍、张子明、徐立行、李懋之、肖新春、李焕、贺达、张友亮等 21 人组成的学院党委会。党委第一次会议选举陈赓、刘居英、刘有光、张衍、张子明、徐立行、李懋之 7 人为常务委员会委员，陈赓为书记，刘居英为第一副书记，刘有光为第二副书记。此外，炮兵工程系的苏广义当选为学院党委会的监察委员会委员。

哈军工的创办是新中国军队建设和国防科技教育的一个奇迹、一座丰碑。从成立到 1966 年退出部队序列，哈军工一共办学 13 年，为我国国防科技事业培养和输送了一大批专门人才。据资料显示，哈军工共招收 14 期学员（1959 年，1958 级预科并入 1959 级，合并为一期），共毕业 13 期 10867 名学员，为各军培训各类技术干部 818 名，为越南培养留学生 183 名。从哈军工走出了 200 余名共和国将军、50 余名省及部级以上领导干部、39 名中国科学院和中国工程院院士、数千名高级工程师和教授。人民解放军所使用的许多武器装备都发端于哈军工。哈军工还为军队乃至地方孕育了一批高水平大学。国防科技大学和分建的哈尔滨工程大学、南京理工大学、解放军理工大学野战工程学院与国防工程学院、装甲兵工程学院、防化指挥技术学院，以及西北工业大学、海军工程大学等，这些高校都与哈军工有渊源关系。

多位党和国家领导人视察哈军工

1957年4月24日，时任国家副主席朱德在欧阳钦陪同下来到学院视察，在学院办公楼前与院、部、系领导合影，听取了副院长刘居英的汇报。这是学院开办以来，中央领导第一次公开视察学院。朱德副主席接着会见了苏联顾问，在空军工程系一楼大厅接见了全院教授，参观了风洞试验，在海军工程系观看了船模试验。朱德副主席在刘居英陪同下登上体育馆二楼的平台，面对军工操场上的近万名师生发表讲话，他说，哈军工作为高级军事技术学府增加了我国的国防力量，促进了将来军事科学技术的提高，这是很值得高兴的事。

1958年9月2日，时任中央军委副主席彭德怀到学院视察，上午视察了实习工厂、空军工程系和风洞实验室。下午，彭德怀参观了炮兵工程系的增程炮弹和远程火箭炮。系领导汇报了教员带学员在白城子靶场试验新型火箭模拟弹的情况，彭德怀赞扬教员和学员把技术革命和部队急需结合起来的主动创新精神。他反复强调要加强各系、各专业之间的协作，院党委有责任使各系相互了解，系党委有责任使各专业相互了解。10日下午，彭德怀在大礼堂和全院人员见面，并作形势报告，他说，学院是为社会主义服务的，是为国防服务的，希望学院继续坚持理论与实践相结合、教育与生产劳动相结合的社会主义勤工俭学的办学方针。

1958年9月16日，中共中央时任总书记邓小平、国务院时任副总理李富春和中共中央办公厅时任主任杨尚昆及杨夫人李伯钊等到学院视察。邓小平一行是在视察哈尔滨工业大学后来到哈军工的。他在哈尔滨工业大学视察时说了一句话："只搞勤工俭学，不搞尖端，就是生产一个亿，也不算完成任务。"邓小平在学院参观了空军工程系、海军工程系、炮兵工程系和实验工厂，鼓励哈军工搞尖端办学。在炮兵工程系，科研人员向邓小平汇报了迫击炮增程弹的研制。邓小平很重视哈军工当时最大的研制项目"高空歼击机（东风113）"。他说："看看我们国家发展航空工业所走过的道路就明白了，从仿制转向自己设计，与其晚走不如早走。不要怕失败，可以带动工业部门跃进。你们军工出了题，我们就好做文章了。"

1959年12月23日，周恩来总理视察了学院的导弹陈列室、超音速风洞、东风113射击指挥系统，听取了对炮兵工程系几种火炮的研制情况的介绍，最后到体育馆游泳池观看了海军工程系无线电遥控舰艇模型表演。在炮兵工程系，贺振新政委作了介绍，周总理看了近几年研制的几种新型火炮，听取了白城子靶场试射情况汇报，他说："我们自己也能搞出比'喀秋莎'还好的火炮，了不起!"

第一期学员毕业

1957年10月28日，学院成立第一期学员毕业答辩委员会。徐立行为主任委员，各系主任、政委为副主任委员，曹鹤荪为秘书长，同时邀请军内外任新民、谢光选等 55 名专家来院参加毕业设计答辩。截至 11 月 12 日答辩结束，654 名学员参加答辩，214 人取得优秀成绩。炮兵工程系的第一期学员大部分成绩优异。炮兵工程系学员王成科设计的"100 毫米无后坐力炮"，经 701 厂的专家评定，认为设计考虑问题全面，有创造性，符合战术要求，答辩委员会初步认为可以提供给国家设计部门参考。来院担任答辩评委的北京工业学院高庆春教授认为，炮兵工程系学员李洪昌设计的"100 毫米自行火炮"能与实际战术相结合，有较强的实用性。

1958 年 3 月 26 日，学院隆重举行第一期学员毕业典礼。国防部时任部长彭德怀签发了国防部命令："中国人民解放军军事工程学院第一期学员已完成教育计划，根据毕业考试委员会的报告，下列 636 名学员考试及格，准予毕业，授予毕业证书。"大会还宣读了陈赓抱病写来的贺信，他勉励毕业学员理论联系实际，向广大官兵学习，以求不断提高自己解决实际问题的能力。国防部时任副部长李达上将专程从北京赶到哈尔滨，在毕业典礼上发表了热情洋溢的讲话，对学院和毕业学员表示祝贺。典礼后，又有 29 名学员获得毕业证书，第一期学员共 665 名正式毕业，其中 1/5 留院任教。

炮兵工程系的发展

作为哈军工组建时的五个主要院系之一，炮兵工程系的各项工作稳步推进，成效显著，尤其体现在科研活动开展方面。1956 年 6 月 1 日，学院科研处开会研究全院各单位科研工作进展情况，认为形势很好，但指标偏高，除炮兵工程系超额完成当年计划外，其他系都没有完成计划。是年，全院有 61 位教授制订了科研计划，提出了 210 项课题，比 1955 年增加了 5 倍。学院与全国 19 个工厂、8 所院校、3 个研究所签订了科学研究协议和合同，帮助国防生产部门解决大、小技术难题 58 个。炮兵工程系是当年第一个超额完成科研计划的模范系。

1956 年 10 月 15 日，炮兵工程系举行了学院军事科学技术协会分会成立大会，与会代表共 200 余人。238 班学员郑勤国、249 班学员吴一正、248 班学员王家培三人做了科学报告。207 教授会朱逸农副主任代表系教学方法指导委员会将全系科学研究活动开展情况作了简要的总结。时任系政委贺振新和副院长刘居英在会上做了发言和指示，并宣布对在科学研究活动中取得较好成绩的 4 个小组和 8 人分别予以奖励。大会最后选举了学院军事科学技术协会二系分会的正、副主任及委员。会议期间还展出了学员科学研究小组自己制作的各种仪器、学员的研究工作报告以及关于各类科学研究活动开展情况的图表、资料等。

1958 年 8 月 17 日，炮兵工程系一科带着 240 轻迫击炮、130 加农炮等 7 种火炮到达北京，向炮兵司令部、军械部科学研究所等汇报了研制情况。203 教授会承担了 130 加农炮的内外弹道设计部分。内弹道设计为保证膛内 PT 曲线平缓平衡，鲍廷钰教授创造性地提出使用多孔梅花型火药，在当时国内没有生产的情况下，弹道实验室同志动手将普通七孔火药粘贴成多孔火药块，在 N23 机关炮上实验，取得可靠数据。

1959 年 3 月，张爱萍上将来到科尔沁草原的白城子靶场，观看学院炮兵工程系第二期 219 班的学员研制的新型火箭炮。经现场试验，4 种新型火箭炮的射程、精度都达到设计最高水平。

哈军工分建与炮兵工程学院的组建

1959 年 11 月 19 日，陈赓院长给中央军委写报告，建议将学院的炮兵、装甲兵、工程兵 3 个系和防化兵的 3 个专业，以及空军、海军工程系的 5 个专科（机场建筑、气象、海岸炮、舰炮指挥仪、鱼雷水雷舰船消磁）分给有关军兵种，单独成立工程学院或并入有关工程学院。当年 12 月 31 日，中央军委办公会议决定，将军事工程学院的炮兵、装甲兵、工程兵 3 个系分出，分别成立炮兵、装甲兵、工程兵 3 个工程学院。

1960 年 4 月 16 日，军委总参谋部、总政治部发文宣布："炮兵工程学院正式组成。"炮兵工程学院以武昌高级军械技术学校和哈尔滨军事工程学院炮兵工程系为基础组建，建制属军委炮兵领导，训练、党政、行政等工作均由军委炮兵直接管理；后勤供应以及属于共同性、地区性的党政工作和行政管理工作，则由所在军区负责。

作为炮兵工程学院组建基础之一的武昌高级军械技术学校（简称"武高"）是南京理工大学的另一重要源头，由成立于 1948 年 11 月的东北野战军后勤青年干部学校发展而成，先后经历第四野战军后勤青年干部学校、第四野战军后勤干部学校、中南军区后勤干部学校、中南军区后勤军械学校、第四军械学校、高级炮兵技术学校等几个阶段。武高隶属于中央军委总军械部，建制为军级，番号为 5201 部队，主要培养部队军、师、团军械业务领导干部。

1960年4月，炮兵工程系接到军委炮兵指示，从6月开始分批南迁武昌，贺振新、祝榆生、刘吉林领导搬迁工作。系党委指定一科主任王子才等同志组成搬迁小组组织搬迁工作，全系人员在保证教学工作照常进行的情况下，紧张地进行物资清点、分类包装等准备工作，仅一个多月就完成了2700多箱物品的包装任务，保证了全部物资按期从哈尔滨起运。

6月2日，炮兵工程系南迁的第一列军车驶离哈尔滨，开往武汉，接着，炮兵工程系又分三批，先后运去100多车皮的物资，到8月搬迁完成。6月4日，炮兵司令员邱创成同志来到哈尔滨，代表炮兵党委在炮兵工程系领导干部会议上宣布中共炮兵工程学院临时委员会成立，由孔从洲、廖成美、贺振新、黄延卿、林胜国、徐宗田、冷新华、祝榆生、杨国治、刘吉林、苏广义、曹瑛、林革等13位同志为委员，孔从洲同志为代理党委书记，廖成美、贺振新同志为党委副书记。

8月13日，军委炮兵邱创成司令员、陈仁麒政委发布命令（炮务字067号）：根据总参、总政指示，决定炮兵工程学院于7月1日正式建院，8月20日启用印章。学院设训练部、政治部、院务部、科研部、技术部、院办公室和兵器、弹药、火药炸药、仪器、雷达、火箭武器、军械勤务7个系。系下设炮兵兵器、步兵兵器、动力随动及稳定装置、弹丸药筒、引信、射击公算及外弹道、火药、炸药、内弹道、火工品、指挥仪器、计算机、侦察仪器、自动控制、红外线、炮瞄雷达、侦察雷达、侦察干扰、引导、电视侦察、火箭弹体、火箭发动机、火箭发射装置、飞行力学 24 个专业。

当年 9 月,在全国科研群众运动的推动下,炮兵工程学院开展了以 100 公里大威力火箭及其控制系统与火箭火药、中程地炮雷达、122 毫米自行水陆两用榴弹炮为中心的"三条龙"群众科研攻关活动。参加这次科研活动的人员达 500 多人,直接参加三项重点任务的达 288 人,建立了 28 个技术设计组,历时 2 个多月,科研取得了可喜的成果。通过这次科研活动,学院总结了 3 点经验:高校必须开展科学研究,否则就不可能丰富教学内容,提高教学质量;科学研究主要依靠教师力量;科学研究需量力而行,不能影响教学。

2 三地办学,艰苦创业(1960~1966)

炮兵工程学院组建初期的困难

1960 年,武高当时有学员 1040 人,教员和工作人员 635 人,规模和校园面积都不算大。由于哈军工炮兵工程系与武高合并组建炮兵工程学院,且暂时以武高校园作为落脚点,使得校园用房及设施较为紧张。当时哈军工二系仅师生就有 1200 余人,全部搬迁过来,校园根本容纳不下。而炮兵工程学院组建时确立的发展目标是,在校生 6500 人,总编制达到 10050 人。因此,武昌的校园已显得局促,根本不能满足长期建设发展的需要。与此同时,炮兵工程学院组建之后,随即进行实验室的建设与组织机构的调整,并大力引进人才充实教师与干部队伍，同时在哈军工炮兵工程系原有专科的基础上调整与组建新的专业。根据上级命令，组建当年即要开始招生，校园设施及资源的不足成为亟须解决的问题。

由于武昌校园无法满足教学科研工作的正常开展，学校决定，1～3年级学生暂时迁往沈阳，借用沈阳炮兵政治干部学校进行基础课学习；1961年所招新生中399名基础较差的学生转至南京炮兵文化预科学校，进行预科学习；4～5年级学生留在武昌本部。于是，炮兵工程学院出现了武汉、沈阳、南京"三地办学"的局面。根据学校安排，1961年8月中旬，训练部及6系1～3年级的学生搬迁至沈阳炮兵政治干部学校，在9月上旬开课，训练部教员另行分批赴沈，安排备课。

武昌高级军械技术学校校门

学校对 1961 年招收的新生又按高考要求进行了一次测试。据此，只有 555 名新生可以进入本科学习。其余除调给科学研究院 30 名女生和调 30 名学生组成数理班培养基础课教师外，399 名学生开办预科补习班，到南京借用炮兵文化预校和高射炮校校舍实施教学。1962 年 2 月，南京预科班开课，学生共 399 名，被编为 4 个队、5 个教学班，主要是补习高中文化课。10 月，预科班撤销。

在炮兵工程学院筹建时，筹备委员会已经决定在暂时利用武昌校园办学的同时，另外选址建设新校园。首任院长孔从洲在陪同军委炮兵邱创成司令员到保定、成都、西安等地勘察选址后，确定在西安市以南约 25 公里的秦岭脚下的花园村建设新校园。1960 年 6 月，炮兵工程学院临时党委决定成立基建处，杨国治任主任，刘吉林任政委，冉影任基建处副主任，基建处具体领导在西安的基建工作。

1961 年 3 月，陕西省地方政府贯彻中央检查占用土地文件时，提出"炮工"在西安的建设"总体布置用地偏大，建筑密度低"，要求压缩总用地面积。因我国连续出现自然灾害，国家面临严重的经济困难，1961 年年初，中央八届九中全会通过了"调整、巩固、充实、提高"的建设方针，要求把"农业放在首要地位"，"压缩基本建设"。

1961 年 6 月，孔从洲院长陪同张爱萍副总参谋长去西安检查学院的新建工作。检查后张爱萍指出：炮兵工程学院院址和建筑规划不符合军委"山、散、洞"的建设方针，规划偏大，占地较多，要暂时停止修建。6 月下旬，中央军委决定停止学校在西安的建设，暂定以武昌为院址。1962 年 10 月，学院撤销基建处。学校在西安新建的营房，交给炮兵科学研究院第五研究所使用，没有建房的土地退还农民。

迁址南京办学

正当西安基建下马、学校发展空间受限之际，时任解放军总参谋长罗瑞卿大将视察炮兵工程学院，在听取了孔从洲院长的汇报后，他说："南京高射炮学校的校舍很多，用不了……我看你们学院和南京高射炮兵学校对调一下校址，这样既不影响他们办学，又可以解决你们的问题。这件事，回北京后我同炮兵领导同志商量。"

1962 年 1 月 5 日，总参谋部、总政治部［1962］参校字第 35 号文件明确：根据军委第 119 次办公会议决定，炮兵工程学院调驻南京高射炮兵学校校址和炮兵预备学校校址；炮兵工程学院现址拨给国防部第六研究院。炮兵领导根据总参、总政的指示，决定在学校搬迁以前，先将在沈阳的 550 名学员调往南京。

1962 年 7 月 16 日到 25 日，"炮兵院校合并、迁移准备工作会议"在北京召开，会议决定：炮兵工程学院迁往南京孝陵卫高射炮兵学校校址；高射炮兵学校迁至武昌炮兵工程学院院址。

根据上述决定，在沈阳的基础课学员和工作人员于当年 9 月先后迁至南京，西安基建处人员于 12 月陆续迁至南京，武昌校本部人员和物资先后分三批于 9 月底前迁至南京。

整个 8 月两校实施对调，学校租用"东方红 12 号"和

迁址南京后的教学区大门

"江亚"等大型客轮 3 艘及货轮 9 艘、车皮 100 节，运送物资 1500 余车皮次，汽车行程达 17.8 万公里。学校 3000 多名师生汇集南京紫金山下，在孝陵卫 200 号开启了新的创业历程。9 月 20 日，学校正式在南京办公。11 月 2 日，炮兵工程学院与高射炮兵学校双方代表在交接文件上签字，标志着两校互换与搬迁工作顺利结束。

调整、增设新专业及扩大办学规模

1961 年 6 月 9 日，学校颁文决定建立 17 个专科，即炮兵兵器科、步兵兵器科、动力传动及稳定装置科、弹丸药筒科、引信科、火药科、炸药工艺科、炸药应用科、光学红外科、指挥仪电子计算机科、自动控制科、雷达科、侦察干扰科、遥测遥控科、火箭弹体科、火箭发动机科、火箭发射设备科，并在此基础上设立行政机构。这是根据军委炮兵政委陈仁麒在学校调研时提出的"迅速建立专科以加强基层建设"的要求而决定的。

1963 年 2 月 11 日，军委炮兵司令员邱创成和政委陈仁麒对学校培训目标、学制、专业设置等问题，又做出如下指示：在培训目标方面，要培养德智体全面发展、又红又专的国防技术人才；在专业方面，保留炮兵兵器（分地炮、高炮专门化）、动力传动、弹药、火箭弹、火箭发射装置、外弹道、火药、炸药、内弹道、光学仪器、指挥仪、雷达、红外仪器 13 个专业，撤销和合并引信、火工品、自动控制、侦察干扰、引导、电视侦察、火箭弹体、飞行力学、侦察雷达和炮瞄雷达等专业；在学制方面，雷达、红外仪器、光学仪器专业为 6 年，其余专业为 5 年；在办学规模方面，学员总定额为 1500 人。

1965 年 6 月 23 日，国防科委时任副主任唐延杰来学校了解工作情况，对学校发展规模、专业设置等问题作了指示。根据上述指示，经学校党委研究决定，于 7 月 30 日向国防科委书面请示扩大办学规模、增设新专业等。8 月 25 日，科委发文对学校请示做出批复：办学规模为 4500 人，每年招收本科生 850 人，研究生 100 人，设置 20 个专业，即炮兵兵器、动力传动、火药、火箭弹、火箭发射装置、外弹道、火药、炸药、内弹道、光学仪器、指挥仪、红外仪器、雷达、自动武器、机械制造工艺与设备、精密机械、火工品、普通引信、非接触引信、解算装置。这对学校建设产生了积极影响，年内建成了 8 个军工实验室，涉及枪械、火炮、弹箭、火炸药和火工品等，其中至少 3 个实验室与新增专业相关，合计建筑面积约 4000 平方米。

教学工作步入正轨

1961 年 9 月，学校招收新生 1014 人，录取标准是毕业考试成绩，学生未参加全国高考。本期学生在高中期间正值"大跃进"，有的学校的学生参加劳动过多，课程未能完成。新生入校后学校组织了入学考试，各科得 60 分以上的学生占总数的比例分别为 30.9%（数学）、40.1%（物理）、67.1%（化学）、39.3%（外语）。入学考试后，学员经过一周的入伍教育，于 8 月下旬到部队当兵锻炼三个月。当年另有七系第六期 305 名学员入学，主要是从部队调入的初级军械技术军官。由于 1961 年招收学生过多，部分学生不符合要求，1962 年没有招收学生。本年南京预科班共升入 102 名学员。同年，学校办公会决定成立新的体育委员会，积极开展体育活动，保障学校工作、学习任务完成。

1962 年，学校共有 15 名越南留学生，其中 11 名随哈军工炮兵工程系转来，4 名由炮兵司令部介绍来校学习。1964 年，根据总政治部指示，又有 41 名越南留学生、7 名柬埔寨留学生来校学习，其中 25 名在预科学习，1965 年暑期转入其他院校学习。1965 年 3 月，炮兵政治部根据军委总政的指示，将从苏联撤回的 39 名越南留学生，于 3 月 29 日转由学校负责培训。8 月，越南派第四批 26 名留学生来校学习。

1963 年 2 月 18～23 日，学校召开第一届教学工作会议。出席会议的代表共 235 名，其中教研室的教学人员 111 名。这次会议的主要议题：一是总结两年来教学工作经验；二是统一认识，进一步提高教学质量。孔从洲作教学工作报告和会议总结，林胜国就加强教学工作中的政治思想工作作了专题发言。

1965 年 6 月 2 日和 7 月 16 日，学校先后两次召开党委扩大会和领导干部会，传达毛泽东主席关于学生负担过重的指示，检查了学校存在的教学改革不彻底、课程多、内容繁等问题，针对存在的问题，提出对教学工作党委要主抓总体工作以及进一步搞好教学改革等措施。6 月 4 日，学校党委会通过教改动员提纲。

科研工作陆续开展

学校在组建之初，以保证教学实习和科研加工为前提，1960～1961 年生产 2 米车床 155 台，产值达 64 万多元（当时币值，下同）。

1962 年，哈军工一期毕业学员屈大壮提出"创建计算机教研室，研制一台数字计算机"的计划。1965 年年底，"炮工Ⅰ"型电子管计算机诞生并投入使用，计算机字长 32 位，内存为 1K，速度为 5000 次/秒，当时堪称一个创举。

1966 年 4 月，学校接受国防科委下达的"1045Ⅰ型"数字指挥仪的科研任务。此项任务由指挥仪专业承担，计算机教研室主任屈大壮负责。1969 年，学校成立"1045Ⅰ型"数字指挥仪科研"五七"分队，与苏州无线电工业局开展合作，科研分队队长先后为王德臣、冯缵刚。1971 年 1 月 8 日，"1045Ⅰ型"57 毫米高炮数字指挥仪机样研制成功。8 月，完成"1045Ⅰ型""1045Ⅱ型"数字指挥仪科研任务。该项目的科研工作为 1972 年恢复计算机设计与制造专业奠定了基础。

1966 年 5 月，三系研制的"三石 1"火药通过军委炮兵和第五机械工业部有关厂、校、所的联合鉴定。鉴定认为"它是当时国内能量最高的双基火药，它的研制成功为双基火药进一步提高能量打开大门"。

基础设施得到初步改善

1962～1963 年，学校在孝陵卫建成威力摆、硝化甘油、火箭发动机、风洞、雷达等实验室，以及弹药装填室、内弹道测压室、炸理爆炸室和消毒锅炉房等。同年，学校收回校区南部军区坦克连用房，将坦克车库房改成实习工厂，投资经费近万元解决实验、生产用电问题。1964 年，工厂新建锻工、龙门刨两个车间。

1964 年 1 月，时任总参谋长罗瑞卿到南京检查工作，在南京军区司令员许世友的陪同下，再次来到学校。视察中罗总长问孔从洲院长有什么困难和要求，孔院长提出帮助解决学校围墙问题。罗瑞卿就笑着对许世友说："老许啊，你帮着解决一下吧。"不久，南京军区派出了驻马店汽车第 32 团，从采石场拉来一车车石块，帮助炮工砌围墙，自此奠定了学校校区基本规模。

1964 年开春不久，学校游泳池破土动工。半年时间，学员在附近开窑烧砖以节省经费，每天三班连着干，一座 50 米长、21 米宽的标准游泳池落成，工程仅花材料费 3 万余元。

1966 年 4 月，学校在校区内启动医院建设。为解决医疗问题，学校自力更生，自行筹款，当年建成面积 2100 平方米、科室齐全、拥有 100 余张病床的医院。

3 玉汝于成，克难守业（1966～1978）

"文化大革命"对教学科研工作的冲击

1966 年 6 月 12 日，学校部分师生参加南京大学"造反"大会。13 日，迫于形势发展和师生强烈要求，学校召开停课"闹革命"动员大会。6 月下旬至 7 月上旬，学校采取"大鸣大放""大字报""大辩论"，大造"修正主义"的反，斗争矛头指向学校的教育路线。8 月 4 日至中旬，学校各级组织中陆续成立"文革筹委"，负责领导"文化大革命"。8 月下旬至 9 月上旬，学校成立"八一红卫兵团""革命造反兵团"等群众组织。10 月 22 日，学校召开全体人员大会，宣布中断党委领导。自此，学校各级党政组织陷入瘫痪，教学科研和日常工作近于停顿。

承担短期培训任务

尽管各项事业在"文革"中遭到重创，但在此期间，学校的教学工作没有中断，曾举办多个短训班培训人才。

1971 年 3 月，学校为洛阳矿山机械厂开办小口径高炮专题短训班，班期为 39 天。4 月 2 日，学校为南京军区炮兵部队高炮 66 师、75 师举办高射炮短训班，班期为 3 个月。4～12 月，学校先后为内蒙古、新疆、贵州、福建工厂和部队开办炸药、外弹道、无线电、高炮随动、指挥仪、光学仪器、雷达等短训班，参加培训学员达 200 多人。5 月 10 日，学校为解放军第 31 基地举办内弹道、外弹道、无线电等三个短训班，参加学习学员为 55 人，班期为 7 个月。9 月 1 日，学校举办 TNT 炸药制造短训班，学员为 110 名。

1973 年 9 月 1 日，根据第五机械工业部要求，学校举办的内、外弹道进修班开学。两班各有学员 40 名，均选自 1968 年、1969 年大学毕业生，或者同等文化程度的工人、技术人员，进修班学制为 1 年。同年 12 月 10 日，学校举办棱镜、透镜干涉仪短训班，来自全国各地工厂、院校的 27 名学员参加学习，次年 1 月 14 日结业。

1974 年 2 月 20 日，学校先后派出 41 名教师到北京军区开办高地炮、光学、指挥仪、雷达短训班，培养兵器维护修理人员。

1975 年 3 月，学校为第五机械工业部"七二一"大学举办数学、物理、电工、机床液压、金属材料和热处理等 6 个师资培训班。培训班在 7~8 月结束，共培训教师 238 人。

此外，一批外国留学生也来校进修。1970 年 3 月，20 名越南人民军留学生入校学习，5 月 3 日结业离校。1971 年 10 月，6 名赞比亚军事留学生来校学习，学习课程为弹药勤务、炸药、枪械等，12 月 5 日结业离校。

坚持抓科研、促生产

在"文革"期间，学校部分教师和科研人员克服重重困难，坚持开展科学研究工作，取得了一批成果。

1967 年 6 月，学校接受第五机械工业部机械科学研究所下达的"非实弹射击方法鉴定与身管寿命有关的钢材性能"

和"火炮身管破坏机理的研究"两个课题任务，具体负责"模拟试验机""热力学参数及内弹道参数测试研究"专题。

1970 年 3 月，第五机械工业部军管会同意学校成立一个机械工厂和电子、光学两个分厂。4 月，第五机械工业部军管会批准学校为国防工业序列工厂，代号为国营 5328 厂①。

1970 年 5 月，为了贯彻上级"127"项目会议精神，学校组成"127"项目 9 人小分队，承担火箭增速规律部分的研究。

1971 年 1 月，学校 4 大队随动专业成功研制 ZX104 型正弦机。3 月，总后勤装备部决定由学校承担"轻武器设计理论的研究"任务。6 月，学校"4021"指挥仪第 1 台科研样机完成总装，共用研制经费 5 万元。同年，常压法制备乙烯二硝胺研制成功。

1972 年 4 月，学校三大队完成"3021"混合炸药技术总结报告。5 月，"1041"高射炮单向 400 周可控硅随动系统在 57 毫米高炮上调试成功。11 月，学校研制成功六分力推力偏心实验台，开始承担科研项目测试任务。同年 7 月 26 日，学校申请营 82 毫米无后座炮系统设计定型。该系统包括营 82 毫米无后座炮、火箭增程空心装药破甲弹和 0.75 米测瞄合一瞄准镜。7 月 20 日至 8 月 8 日，营 82 毫米无后座炮在北京参加总参组织的反坦克武器展览和汇报表演。时任中央军委副主席叶剑英观看了射击效果，他在听取孔从洲副司令员汇报后，与学校参试人员一一握手，并指示："很好，要加快研制。"

---

① 据统计，国营 5328 厂在 1972~1990 年期间，生产火炮、弹药、仪器仪表等产品，其中测时仪曾出口欧、亚、非等多个国家，实现工业产值 5000 余万元，净收入 3300 余万元。

1973 年 4 月 16 ~ 28 日，第五机械工业部在学校召开 "标准装药技术工作会议"。全国行业内 37 个单位 72 人参加会议。会上形成《炮用标准装药（弹）、枪用标准弹制造、鉴定与使用管理办法》等文件，对确保产品质量、加强国防工业建设起到了积极作用。

1973 年 4 月，国营 5328 厂生产的 65 式 82 毫米无后座炮经国家鉴定合格。1970 年 4 月，工厂开始筹备制造 65 式 82 毫米无后座炮，经过两个月努力，试制出第一门炮。经过两次大型射击实验检验，工厂开始小批量试生产，截至 1974 年 2 月，共试生产 55 门。1974 年，工厂制造 65 式 82 毫米无后座炮 110 门。同年，头盔起动器、无后座力炮破甲弹弹道一致性标准研究成功。

1975 年 6 月，炮兵军工产品定型委员会同意华东工程学院、国营 528 厂共同研制的 0.5 米测距机定型，命名为 1974 年式地面炮兵 0.5 米测距机，简称 74 式地炮 0.5 米测距机。1972 年，学校开始研制供团、营属炮兵使用的 0.5 米测距机。1974 年研究成功定型样机，12 月完成设计定型。1975 年，提高 100 毫米高速滑膛炮初速、多普勒效应无线电引信的命中问题等其他 4 项科研项目研究成功。

1976 年 11 月，学校研制的营 82 毫米无后座炮系统在白城子靶场顺利完成定型试验，被命名为 1978 式营 82 毫米无后座炮。同年，炮口制退器及炮口冲击波场、特种武器内弹道学、3021 炸药等其他 4 项科研项目研究成功。

1977 年 10 月，学校 404 教研室在全机原理方案基本定型和电子管高频组合研制成功并基本定型的基础上，进一步把高频组合由电子管改为晶体管，并重点突击研制数据显示终端，取得重大突破。10～11月，学校研制的营"八二"无后座力炮、火箭增程破甲弹在三十一基地第一实验场进行了设计定型试验，配用的改电1丙引信进行了鉴定试验。11月，以三系342科研分队为主体与9352厂、282厂等单位共同研制的"62毫米单兵火箭空炸钢珠弹"项目通过鉴定。同年，军委炮兵在北京南口组织反坦克武器研制新产品展示汇报会，徐向前元帅等中央军委多位领导莅临现场，观看实弹射击和产品展览。孔从洲副司令员主持汇报活动。学校送展的营82毫米无后座炮和62毫米单兵火箭钢珠弹项目现场表演效果突出，获得好评，为以后批准部队列装打下了基础。

　　1978年3月18日，全国科学大会在北京召开，学校获奖16项。这次大会是中国共产党在粉碎"四人帮"之后，在国家百废待兴的形势下召开的一次重要会议，也是中国科技发展史上一次具有里程碑式意义的盛会。会上，邓小平同志阐述了科学技术在社会发展中的地位和作用，明确指出"科学技术是生产力"，知识分子"已经是工人阶级自己的一部分"，"四个现代化，关键是科学技术的现代化"，从而澄清了一系列长期束缚我国科学技术发展的重大理论问题。继全国科学大会胜利召开后，同年5月11～16日，江苏省革命委员会在南京召开全省科学大会，学校"科82"科研分队、101教研室、403教研室获得先进集体称号，叶周长、李凤生两位老师获得"先进科技工作者"称号，"59式57高炮提高射频供弹系统"等22项成果获得"优秀科学技术成果"称号。

陆续增设新专业

1971 年 6 月，学校申请开办自动武器专业，建设周期为 3 年，申请开办费 38 万元。该专业申请获得第五机械工业部批准。11 月，五机部《关于院校专业设置的通知》（〔71〕机字第 1381 号文件）批准学校设置火炮、随动系统、炮弹、火箭弹、火箭发射装置、外弹道、火药、炸药、内弹道、军用光学仪器、指挥仪、雷达、军用夜视仪器、轻武器、触发引信、非触发引信、火工烟火和计算机等 18 个专业。

1973 年 5 月，学校向江苏省教育局申请增设火炮瞄准具设计与制造、枪弹设计与制造、药筒设计与制造、炸药应用、弹丸空气动力等专业，建议筹建机械制造专业。

1977 年 11 月，学校增设了机械制造工艺系，下设两个专业：机械制造工艺与设备，金属材料及热处理。全校专业增至 20 个。

招收工农兵学员

1970 年 6 月 27 日，中共中央批转《北京大学、清华大学关于招生（试点）的请示报告》，决定废除考试制度，"实行群众推荐、领导批准、学校复审相结合的办法"，招收工农兵学员，并决定先在以上两校进行试点。文件确定工农兵学员的任务是"上大学、管大学、用毛泽东思想改造大学"（简称"上、管、改"）。此后，北大、清华招生试点的经验在全国高校大面积推广。

1971 年 9 月，学校经研究并请示第五机械工业部，确定招生规模为 850 人。根据中央军委国防工业领导小组关于国防

工业院校招生问题的指示，第五机械工业部关于华东工程学院
1972 年按专业分省招生计划草案等下达文件，确定华东工程
学院招生指标为 840 人。

学院招收的工农兵学员

　　1972 年 2 月，全校为迎接首批工农兵学员，积极进行各
项准备工作。9 日，校"革命委员会"党的核心小组听取汇报，
审查研究重点专业教育计划，专业课程设置一般为 10～13 门。
全校第一学期开课 30 门，准备讲义 220 万字。3 月 27 日，学
校领导、机关部门负责人组成检查组，对各个大队、基础课部
的开学准备情况进行检查，各项开学准备工作均基本就绪。同
年 2 月 27 日，学校组织 40 人，赴全国各地招生，4 月 28 日招
生工作全部结束。4 月 25 日，第一批工农兵学员报到。学校
共招收 17 个专业 837 名学员，其中解放军学员为 170 名。5 月

2 日开学，按照学员文化程度，学校将其编为甲、乙、丙 3 个班，并组织教学。

此后，学校于 1973 年招收工农兵学员 319 名，于 1974 年招收工农兵学员 486 人，于 1975 年招收工农兵学员 159 名，于 1976 年招收工农兵学员 686 人（于次年 3 月入学）。为加强师资力量，学校于 1973 年 1 月向第五机械工业部、江苏省教育局申请，从部属院校、工厂、科研单位调进教师 50 名。

教学科研和生活设施的改善

1975 年，学校火药、炸药综合实验室基本建成。实验室总建筑面积为 1200 平方米，又称火药、炸药分厂。1970 年 11 月，学校拟建设火药、炸药综合实验室，申请第五机械工业部投资 75000 元。1971 年 8 月，学校收回出借的南炮场用地，规划建设火药、炸药实验场。1972 年 5 月 20 日，学校开始建设南炮场火药、炸药综合实验室，1975 年实验室基本建成。

由于从东至西横贯校区的排水渠道窄小，每逢夏季大雨时节，由紫金山下来的水势很猛，积水流不出去，致使孝陵卫镇居民、紫金山公社部分农民村舍以及学校教学区经常遭受水淹。学校与紫金山公社、孝陵卫镇协商，共同疏浚河道，解决孝陵卫地区和学校的积涝问题。紫金山公社负责加宽、加深校区以外的排水渠道，学校负责加宽、加深校区内的排水渠道。1976 年 2 月 9 日至 3 月 3 日，学校男女老幼齐上阵，每天平均 1700 多人参加疏浚工程劳动，共挖土 25000 立方米。清理后的河道被称为"友谊河"。在这次劳动中，16 个单位 336 人受到表彰。

4 蓬勃发展，激情兴业（1978～2008）

抢抓机遇，乘势而上，综合实力稳步提高

改革开放以来，南京理工大学紧紧抓住我国经济大发展、教育大提高、国防大加强的时代机遇，深化各领域改革，进一步扩大了办学规模，提高了办学层次，综合实力稳居全国高校前列。其中最为代表性的事件，莫过于跻身国家"211工程"建设序列，以及成为国防科工委、江苏省人民政府共建的高校。

"211工程"是中国政府为了迎接世界新技术革命的挑战而集中中央和地方各方面的力量，分期分批地重点建设100所左右的高等学校和一批重点学科、专业的建设工程，力争在21世纪初有一批高等学校和学科、专业接近或达到国际一流大学水平。1993年7月，国家教委发出《关于重点建设一批高等学校和重点学科点的若干意见》，决定设置"211工程"重点建设项目，1994年5月开始启动部门预审。

1993年8月，学校紧跟时代步伐，迅即启动"211工程"动员部署。随后，全校各部门围绕涉及学校整体建设与发展的学科建设、师资建设、教学和人才培养、科研和校办产业、基本建设、对外交流与合作以及内部体制改革等方面进行研讨、论证，拟出建设初步框架，做好迎接预审的各项基础工作。

1995年4月，中国兵器工业总公司对学校进行"211工程"部门预审工作。预审专家组一致认为，南京理工大学具备了进入国内一流理工科大学行列的整体水平和综合实力，可按照国家"211工程"的标准和目标进行重点建设。专家组认为，学校经过长期的建设和发展，基本形成了教育和科研两个中心的办学格局，形成了我国最为完整的、代表我国兵工水平的、由火炮和自动武器及压制兵器等系统组成的兵器火力和实验基地，拥有一支研究方向明确、梯队层次合理、有良好发展潜力的教学和科研队伍，已经形成了十大军工优势技术群和利用军工技术带动发展起来的五大民品优势技术群。相信通过实施"211工程"重点项目建设，学校一定会为兵器工业二次创业和国防现代化建设做出更大贡献。根据拟定的"211工程"建设规划，学校在"九五"期间重点建设弹道学与发射技术、火炮和自动武器及弹药工程、军用能源材料技术与工程、军用电子光学信息工程与技术、兵器控制科学与工程五个重点学科。

南理工大学"211工程"预审会开幕式

1998 年 6 月，国家发展计划委员会正式批复了南京理工大学"211 工程"建设可行性报告，同意学校作为"211 工程"建设项目院校，在"九五"期间进行建设。这标志着我校正式进入"211 工程"国家立项建设，是学校发展史上新的里程碑。

同时，学校坚持立足国防、服务地方，积极争取国家部委与地方政府的多方面支持。2002 年 8 月，国防科工委和江苏省人民政府在南京签署协议，共同重点建设南京理工大学。根据协议，"十五"期间，除学校的正常经费安排外，国防科工委向学校投入重点建设经费 2.2 亿元；在 2003～2005 年 3 年内，江苏省向学校投入 0.6 亿元，并在重点学科、重点实验室建设方面给予支持。

突出内涵，凝练特色，学科分布日趋完善

为加强学科建设，学校于 1979 年 12 月成立学术委员会，于 1981 年 5 月成立学位委员会，负责学科建设、学位评定等事项。

1981 年 11 月，经国务院学位委员会批准，学校的通讯与电子系统、信号电路系统、电磁场与微波技术、炮弹与火箭弹及导弹战斗部、引信技术、火炮与自动武器、含能材料、物理化学、弹道学、军事技术运筹学、自动控制工程、固体火箭发动机等专业被列为首批硕士学位授予专业。同月，经国务院学位委员会批准，学校的弹道学、含能材料、火炮与自动武器被列为首批博士学位授予专业，浦发、鲍廷钰、肖学忠、张宇建、于道文教授被聘为博士生指导教师。同月，学院 13 个专业的 51 名首届研究生全部通过答辩，顺利毕业。1982 年 2 月，1981 级研究生入学，这是我校在《中华人民共和国学位条例》颁布后和中国学位制度建立以来招收的第一批硕士研究生。学校计划招收硕士 50 名，有 180 多名学生参加考试，经过择优选拔，实际录取 48 名，分布在 20 个专业。

此后，学校陆续获批新的博士、硕士学位授权点。截至 2013 年 12 月，学校共有覆盖 18 个一级学科领域的 49 个博士学位点和分布于理学、工学、经济学、管理学、文学、法学、教育学、艺术学、哲学 9 个学科门类的 116 个硕士学位点；学校有金融硕士、国际商务硕士、社会工作硕士、翻译硕士、工程硕士、工商管理硕士（MBA）、公共管理硕士（MPA）、会计硕士、图书情报硕士、工程管理硕士等 10 个专业学位授予点，其中工程硕士涵盖 27 个工程领域，工商管理硕士具有高级管理人员工商管理硕士（EMBA）授予权；此外，学校还具有在职人员以同等学力申请博士、硕士学位的授予权以及外国留学生和港澳台学生的招生权。

1986～1988 年，我国首次开展国家重点学科评选工作。1989 年 1 月，经国家教委审核批准，学校火炮与自动武器、弹道学被确定为国家级重点学科。同时，经国家机械工业委员会批准，学校含能材料、炮弹、火箭弹及导弹战斗部、军用光学、兵器火力控制系统、通讯与电子系统（含信号、电路与系统）、固体火箭发动机及推进剂 8 个学科被确定为部一级重点学科。

在此后的两次国家重点学科评选工作中，学校再获佳绩。

2002 年 1 月，学校有 5 个学科经批准成为国家级重点学科。2007 年 8 月，教育部公布新一轮国家重点学科评审结果，学校在此轮评审中实现了新突破，共有 2 个一级学科、4 个二级学科被列为国家重点学科。2 个一级国家重点学科为兵器科学与技术（包含 4 个二级学科）和光学工程（包含 1 个二级学科），4 个二级国家重点学科为模式识别与智能系统、材料学、应用化学、电磁场与微波技术。至此，学校国家重点学科已覆盖 9 个学科点。

深化教改，因材施教，人才培养广受认可

改革开放之初，学校对教学体制和专业设置进行了调整。1980 年 4 月，学校召开教学工作会议。会议确定各系的体制不作大的变化，专业作下列调整：一系火炮随动专业、四系指挥仪专业与计算机系合并，成立计算机与自动控制系，设硬件、软件和自控三个专业；二系非接触引信专业与基础课部的无线电教研室调到四系，成立电子技术与光电技术系，设电子技术、雷达信号处理、无线电引信、夜视、工程光学五个专业；五系机械制造与工艺设备改为机械制造工艺及设备自动化专业，扩大专业范围，更新专业内容；基础课部机械原理与机械零件、机械制图教研室调五系；基础课部积极筹建应用数学与应用力学专业；成立弹道研究所。本次调整，使学校的专业设置向拓宽专业口径、增强适应性、实行军民结合和改造专业结构的方向迈进了一步。按照国防科委指示，学校下设 6 个系 21 个专业，系的名称亦有变动，分别为机械工程系、飞行器工程系、化学工程系、仪器系、机械制造工艺系、计算机系。

作为改革开放的重要前奏，因"文革"中断 11 年之久的全国高考于 1977 年恢复，并于当年 12 月举行招生考试。1978 年 3 月，华东工程学院 14 个专业招收的恢复高考后的首届（即 1977 级）学生 556 人入学。当年 9 月，学校招收的首届 55 名研究生入学，1978 级本科生 1163 名入学。人才培养工作逐渐步入正轨，招生规模逐年扩大。1987 年 9 月，学校迎来了建院以来首批文科专业大学新生，首次招收的文科专业为管理工程系的工业会计和工业统计。1999 年为学校扩招比例最大的一年，共招收本科生 3830 名、专科及高职学生 330 名、各类研究生 753 名，与 1998 年相比，本、专科生和研究生的扩招幅度分别达到 45.3% 和 24.9%，总数达到 4913 名，创学校建校以来最高纪录，使学校办学规模有了新的提高。此外，1996 年 11 月，国家教委批准学校自 1997 年开始面向港、澳、台地区招生。

学校注重对学生基本功的训练和提高，在近 20 年的时间里，在江苏省高校非理科专业的高等数学、物理竞赛中团体总分多次位居第一、第二。例如，1985 年 12 月，江苏省举行第一届非物理专业大学生物理竞赛，学校 1984 级 52 名同学参赛，获二等奖 3 名、三等奖 8 名，占获奖总人数的 22%，夺得了个人平均分最高及获奖人数最多两项全省之最。1991 年 7 月，在江苏省首届高校非理科专业高等数学竞赛中，学校有 35 人获奖，总获奖数、获奖率都在全省高校中独占鳌头。在其他学科竞赛方面，学校也屡获佳绩。例如，1991 年 6 月，学校在江苏省高校首届学生课外学术科技成果展上获一等奖 1

项、二等奖 3 项、三等奖 5 项，总分位列全省第二。1992 年 11 月，学校在首届中国大学生实用科技发明大赛中获得 10 项奖励，其中二等奖 2 名、三等奖 1 名、鼓励奖 7 名，总分位列全国高校第四。2000 年 11 月，学校首次组队参加第四届"周培源"杯全国大学生力学竞赛即创佳绩，获团体总分第六名。2006 年 11 月，设计艺术系 2003 级学生李逸轲走上靳埭强设计奖 2006 全球华人大学生平面设计比赛颁奖台，从世界知名设计师手中领取获奖证书和 1 万元奖金。在这个被誉为设计领域"奥斯卡"的奖项评选中，李逸轲成为全场最高奖"未来设计师大奖"的唯一获得者。

值得一提的是，学校在全国"挑战杯"大学生课外学术科技作品竞赛中同样成绩骄人。1991 年 11 月，在浙江大学举行的全国第二届"挑战杯"大学生课外学术科技作品竞赛中，学校参赛的 6 件作品（含两篇论文）获二等奖 2 项、三等奖 1 项、鼓励奖 2 项，团体总分名列全国第八，获奖等级和名次均列江苏高校之首。1993 年 11 月，在上海交通大学举行的全国第三届"挑战杯"大学生课外学术科技作品竞赛中，理学院刘映江同学的论文《激光全息场再现图像的离子自动检测》获得一等奖，学校另获二、三等奖和鼓励奖共 5 项，团体总分名列全国第六，获奖等级与名次再列江苏高校之首。1995 年 12 月，在武汉大学举行的第四届"挑战杯"全国大学生课外学术科技作品竞赛中，学校送展的 6 项参赛作品全部获奖，其中，经管学院赵宏同学的社会调查报告《走出困境　再创辉煌——重庆军工企业走上发展之路的启示》获一等奖。学校取得本届"挑战杯"赛理工农医类院校团体总分第三的好成绩,捧获"优胜杯",再次名列江苏高校之首。通过组委会两轮投票,学校还以 40 票对 39 票的一票优势获得 1997 年第五届全国"挑战杯"的承办权。此次是该赛事的主办单位第一次以申办、投票的方式决定承办高校。

在研究生教育方面,学校的培养质量得到不断巩固和提升,逐步建立起完备的高层次人才培养体系。1986 年 6 月 16 日,学校培养的第一位博士研究生宋洪昌通过学位论文答辩。1987 年 5 月,学校火炮与自动武器专业首位博士生廖振强通过博士学位论文答辩。1988 年 4 月,弹道学专业首届博士研究生许厚谦、王中原、赵志建、许多生、宋明等通过学位论文答辩。1988 年 4 月,电子工程系电磁场与微波技术专业方大纲教授指导的研究生杨建军以其硕士学位论文《分层介质的精确镜像理论及其应用》,经过两位教授的推荐,作为博士学位论文越级向成都电讯工程学院(现电子科技大学)申请博士学位,他也以优异成绩通过该校 5 门课程的资格考试和 10 多位同行专家的评议后,通过了博士论文答辩。杨建军当时年仅 22 岁,这在学院属首例,在全国也不多见。这也是学校电子学与通信学科的研究生第一次通过博士论文答辩。1989 年 12 月,学校首位军用光学博士研究生李爱民通过学位论文答辩。

1999 年,教育部研究生办公室启动全国百篇优秀博士学位论文评选活动,每年在全国范围内评选优秀博士学位论文100 篇。2001 年 7 月,2001 年度全国百篇优秀博士学位论文评选揭晓,学校有两篇博士学位论文入选,一举实现了学校在此

项评选中"零"的突破。入选的两篇博士学校论文分别是陈
兆旭博士的《四唑衍生物及其金属配合物结构和性能的量子
化学研究》和姚卫博士的《相位场干涉层析的理论与方法研
究》，他们的指导老师分别是肖鹤鸣教授和贺安之教授。2002
年10月，杨成梧教授指导的徐胜元博士的学位论文《广义不
确定系统的鲁棒控制》，被教育部国务院学位委员会批准为全
国百篇优秀博士学位论文。

由于学校的研究生培养工作成绩突出，经教育部批准，学
校于2000年9月起试办研究生院，试办期为3年。本次全国
共有22所高校获准试办研究生院，成功获批试办，标志着学
校学科建设与研究生教育工作又迈上了一个新台阶。2004年5
月26日，教育部批准学校正式建立研究生院。

学校积极适应毕业生分配制度改革，扎实做好毕业生就业
指导与服务工作，多次受到上级嘉奖。2001年1月，学校被
教育部授予"全国毕业生就业工作先进集体"称号，时任毕
业生就业办公室主任戚湧荣获"全国毕业生就业工作先进工
作者"称号。2003年3月，教育部与江苏省首次公布2002年
全国高校毕业生就业率，学校本科生就业率达99.3%，在江
苏省重点高校中排名第一。2007年1月，学校毕业生就业办公
室被中华全国总工会授予"全国学习型优秀班组"荣誉称号。

这一时期，学校涌现出了一大批品学兼优的学生。例如，
1995年11月，机械学院920171班荣获"全国先进班集体标
兵"称号（全国仅10个班级获此殊荣）。2003年8月，学校
计算机系990611班学生陈瑜荣获"全国三好学生标兵"称号

（全国仅有 10 位同学获此殊荣）。

2007 年 10 月 29 日至 11 月 2 日，学校接受教育部本科教学工作水平评估。担任此次评估专家组组长的是安徽省教育厅时任厅长陈贤忠教授，副组长是西北工业大学时任副校长王润孝教授。考察期间，专家组认真审阅了学校《本科教学工作水平评估自评报告》以及相关的支撑和背景材料，听取了时任校长王晓锋的工作报告，进行了实地考察和走访；专家们还随机听课，抽阅了学生毕业论文（设计）和学生试卷，并对学生进行了技能测试。

专家组经过考察，认为学校办学导向正确，定位准确，发展目标明确，工作措施得力，坚持教学工作中心地位不动摇，有力促进了本科教学质量的稳步提高；学校大力实施人才强校战略，学校师资队伍在结构、数量和质量上都呈现出良好的发展势态；学校重视教学基础设施建设，校园环境优美、教学设施先进、功能齐全、资源配置合理、图书资料、实验设施等建设成效显著，满足了人才培养的需要；学校高度重视本科教学内涵建设，大力推进教学改革，不断优化和调整专业结构和布局，构建了"以工为主、国防特色鲜明的多学科协调发展"的专业结构体系；学校重视教学管理，拥有一支结构合理、爱岗敬业的教学管理队伍，建立了完善的教育管理规章制度和各项保障体系，实现了教务管理的信息化、网络化、规范化，成效明显；学校一贯注重产学研结合，注重强化学生的创新精神和实践能力的培养，构建了包括基础实践、专业实践、综合实践、创新活动和社会实践各个方面的教育体系。

专家组还认为学校办学特色鲜明，在半个多世纪的建设与发展历程中，始终以强大国防为己任，形成了"肩负国防使命，弘扬献身精神"的鲜明办学特色。学校还积极探索实践教学特色，建设高质量的校内外实践教学基地，开展有特色的课内外科技与社团活动，确保实践教学的效果与质量，形成了实践教学"两广一严"的鲜明特色。

整合优势，注重创新，科学研究成效显著

在科学研究与技术攻关领域，学校在这一时期取得了国内相关领域的若干个"第一"。例如，学校制作了我国第一台150毫米口径棱镜透镜干涉仪（1983年9月），第一台实用防爆型机器人——"QYR"防爆机器人（1987年10月），设计并制作第一台经济型喷漆机器人——HWPJ1型工业喷漆机器人（1988年1月）、第一台防爆机器人——FBR型机器人（1990年10月）、第一台激光共焦扫描显微镜（又称"显微CT"，2002年1月）、第一台路面智能检测车（2002年8月）。

2005年，中国科学技术协会会刊《科技导报》第二期，刊发了遴选出的"2004年度中国重大科学、技术与工程进展"，学校章维一、侯丽雅教授研究的"微流体数字化技术"项目被列入。这是江苏省当年唯一入选项目。2006年1月19出版的《自然》杂志上，化工学院教师张建法以第一作者身份发表论文，这是学校教师首次在该杂志上发表论文。

在科研获奖方面，1978~2008年的30年间，学校共获得国家级科技奖励近80项，其中6次获得国家科技进步一等奖或技术发明一等奖，位居全国高校前列。1984年1月，学校"双基推进剂嵌入长金属丝的技术"和"金属丝涂层和制备工艺"都获得国家发明三等奖。这是学校首次获得国家发明奖。1985年10月，"线形水下聚能爆炸切割技术""内弹道势平衡理论及其应用""塑料导爆管非电起爆系统"三项获国家科学技术进步二等奖，"膛口冲击波机理""落锤液压动标装置""内弹道测速雷达""152无线电引信高频参数测试台""SJY高爆速液体炸药""WD1型微光电视及微光摄像管"6项获国家科学技术进步三等奖。

1994年3月，化工学院王泽山教授主持研发的"过期火药和炸药再利用技术"项目获得国家科技进步一等奖。该项目历时5年，有6个子项目通过部级鉴定，获得国家发明专利4项，并迅速转化为实用技术，实现了变废为宝，降低了公害，在得到推广应用后取得了显著的社会效益和经济效益。此前，该项目在1992年度江苏省发明专利成果展览会上荣获"佳利"金奖，并荣获部级科技进步一等奖。

1996年12月，化工学院王泽山教授带领的课题组承担的"低温系数发射药、装药技术及制造工艺"获1996年度国家技术发明一等奖，这是我国当年度唯一一项发明一等奖，获此殊荣在国防军工系统、江苏省也是首次。由国家科委领导亲自挂帅、20多位国内权威专家组成的鉴定小组一致认为该技术属于我国国防科技突破性的成果，可直接应用于我国现有装备中，将促成该领域技术的变革，可使我国装备的有关性能跃入世界领先行列。

1999 年 10 月，由学校粉体中心李凤生教授主持研制开发的"特种超细粉体制备技术"获得 1999 年度国家科技进步一等奖。该中心建立在学校超细粉体与表面科学技术研究所的基础之上，长期从事超细粉碎设备的设计与制造以及对超细粉体进行表面改性、混合、分散分离、分级与测试的成套技术研究。

让师生引以为豪的是，学校的科研成果多次在国家重大事件中得到应用，产生了较好的社会效益。1981 年 6 月，学校使用聚能爆破切割技术，成功实现聚能爆破，协助"渤海二号"沉船解体打捞，使沉船顺利浮出海面。这也是我国非电导爆系统深水起爆首次取得成功，标志着我国进入了这一技术领域的国际先进行列。1986 年 10 月 13 日，我国在欢迎英国女王伊丽莎白二世访华的仪式中，第一次使用了一种由学校研制的新式礼炮弹。该礼炮弹能够充分利用能量，污染性小，声音浑厚、性能稳定。

1999 年 9 月，由制造工程学院机器人研究所研制的自主式迎宾机器人"聪明贝贝"启运赴京，代表江苏省参加在北京展览馆正式举行的新中国成立 50 周年成果展。"聪明贝贝"是学校研制的第三代智能机器人，综合运用了计算机系统、控制系统、信息传感系统、语音识别与语音合成系统及机械传动系统等多类高科技，可以自主行走、自动避障、自主归航、自主充电，还可以与人对话，根据人发出的语音控制命令进行动作表演，实现自主迎宾。

学校大力整合优质资源，积极创建一流科研平台，为开展高水平科学实验奠定了基础。1990年11月，学校弹道实验室成为国防科技重点实验室（试行）。1994年11月，弹道国防科技重点实验室通过了国家级验收，中国兵器工业总公司向学校颁发了弹道国防科技重点实验室项目竣工验收合格证书。该实验室是开放性的国防科技重点实验室，主要侧重于弹道基础性研究和培养高水平、复合型的科技人才。

2001年12月，依托南理工建设的国家特种超细粉体工程技术研究中心可行性论证会通过科技部组织的论证考察。2005年3月，国家超细粉体工程技术研究中心举行第一次学术委员会会议，左铁镛、郭慕孙、金涌、李龙土、徐更光、张耀明、唐明述、王泽山等一批国内材料科学界院士共同探讨中国超细化技术发展与工程化问题，并为国家超细粉体工程技术研究中心的发展出谋划策。同年11月，国家特种超细粉体工程技术研究中心通过科技部组织的现场验收。

学校注重科研成果的保护与转化，专利工作特色鲜明，品牌效应逐步显现。1987年4月，学校参加第十五届日内瓦国际发明与新技术展览会的3个项目全部获奖，其中获银奖2枚、铜奖1枚。

1995年4月，学校被国家专利局评为"全国专利工作先进单位"（共100家），是兵器工业总公司系统中唯一获奖单位。2001年8月，学校被国家知识产权局和国家经贸委确定为首批高校专利工作试点单位。2003年6月，国家知识产权局正式下文批准依托南京理工大学科技园设立"国家专利产业化试点基地"，这是政府依托大学和大学科技园设立的全国唯一的试点基地。

2008年1月，中国校友会网大学评价课题组正式发布了《2008中国大学评价研究报告》，其中的"2008中国高校中国专利奖金奖排行榜"显示：1989年以来，清华大学有10项专利获中国专利奖金奖奖励，高居2008中国高校中国专利奖金奖排行榜首位，复旦大学获2项奖励居第二位，南京理工大学、北京大学、上海交通大学等21所学校各获1项奖励，并列第三名。自中国专利奖设立以来，国内仅有23所高校获得33项中国专利奖金奖。

引、培并举，强化认同，人才队伍不断优化

强化教师职业认同。1985年9月10日，学校召开庆祝首届教师节大会，对从事教育工作25年以上的902名教育工作者颁发了荣誉证书，赠送了纪念品，对13位省级优秀教师和70位校级优秀教师给予表彰。1996年，根据《教师资格认定的过渡办法》，学校对从事教育教学工作的教师、承担教育教学任务的人员、符合文件规定的其他专业技术人员和教育职员，首次开展教师资格认定工作，首批1480名教师领取教师资格证书。

助力青年教师发展。1990年3月，学校召开首届青年教师工作会议。会议要求各部门形成关心青年教师、培养青年教师的良好风气，并确定了为培养青年教师加速成长需要做的几件实事：一是建立专业技术职务破格晋升制度；二是设立青年教师进步奖；三是继续贯彻学校青年科学基金试行条例；四是实行倾斜政策，解决青年教师后顾之忧。同年6月，经学校教师、科研高级职务评审会审定，分别破格提升王昌云、王风云、赵平亚、钱焕延、宋明、蒋勇、刘克、王中原等 8 名成绩卓著的青年教师为副教授、副研究员，他们的平均年龄为 31.7 岁。此前，根据国家机械工业委员会（机电教〔1988〕6号）批复，学校有权审定教授、副教授任职资格。

高层次人才不断涌现。1994 年 6 月，中国工程院成立大会、中国科学院第七次院士大会在北京同时召开。时任校长李鸿志教授作为中国工程院首批 96 名院士之一，参加会议并受到了江泽民等中央领导人的亲切接见。1999 年 12 月，著名含能材料专家、化工学院王泽山教授当选为中国工程院院士。1997 年 9 月和 2003 年 12 月，王泽山、李鸿志先后荣获"何梁何利基金科学与技术进步奖"。

这一时期，学校多位教师入选教育部"长江学者"特聘教授、"长江学者与创新团队发展计划"等高层次人才项目。2007 年 10 月，电光学院陈钱教授领衔的"光谱成像技术与信息处理"团队入选 2007 年"长江学者与创新团队发展计划"创新团队，成为学校首个国家级创新团队。

此外，学校多位知名学者当选国际学术组织成员。2001年 11 月，电光学院刘国岁教授被国际电气与电子工程师协会（IEEE）正式吸收为会士，成为我国雷达界当选该协会会士的第一人。刘国岁教授在世界上最早提出随机信号雷达的平均模糊函数概念，其研究成果使雷达在精度、鉴别力和抗干扰性等方面都有很大提高，其研制出了随机调频连续波雷达系统、复合调频连续波雷达系统、随机二相码连续波雷达系统三项具有世界先进水平的专利产品，在国际雷达界享有较高声誉。2002年12月，电光学院方大纲教授也当选为国际电气与电子工程师协会（IEEE）会士，其主要研究方向为电磁场数值计算、射频系统和微波信息处理等，也是复镜像理论的提出者之一。

主动对接，合作共赢，社会服务渐显品牌

1985年5月，在全国首届技术成果交易会上，火炸药系提出无偿支援延安市经济建设的建议，得到学校同意。学校无偿转让技术支援老区的行为得到国务院高度评价，中央电视台、《光明日报》《解放军报》《新华日报》等媒体均作了宣传报道。

1994年4月，学校召开董事会成立暨第一次会议。董事会由中国兵器工业总公司、扬子石化公司、中国北方工业公司、中国江南航天工业集团公司、香港胜力国际集团有限公司、贵州省政府、南通市政府、宁波市经委和南京理工大学等23个企业、政府、高校、研究所组成，每届董事会任期为4年。中国兵器工业总公司时任副总经理于桂臣任首任董事长，时任校长李鸿志任常务副董事长，时任党委书记曲作家任副董事长。校董事会是学校与各行业、各领域实行产、学、研紧密结合的实体，主要对学校的发展规划、专业设置、人才培养、招生分配、科研课题及科技开发等进行研究、指导。

1999年11月，南京军区和南京理工大学就干部培养达成协议并举行签字仪式。根据《南京军区依托南京理工大学培养干部协议书》，双方将共同在南京理工大学设立后备军官选拔培训工作办公室；南京军区在学校设立国防奖学金，学校每年为军区培养输送一定数量部队紧缺的优秀大学本科毕业生和研究生。2002年12月，南京军区师团职领导干部专修班第一期学员顺利毕业。

2001年4月，南京理工大学科技园成立。该科技园是经南京市科学技术委员会批准、由南京理工大学与南京市白下区政府主办和信息产业部55研究所等单位协办的南京高新技术园。2002年2月，南京理工大学科技园升级为江苏省大学科技园。同年5月，科技部和教育部发文批准学校启动"国家级大学科技园"建设。2003年10月，学校大学科技园被正式授牌成为国家大学科技园。

2003年12月，学校与泰州市人民政府签订合作建立本科学院的协议。根据协议，双方合作建立的南京理工大学泰州科技学院将采用股份制形式办学，基本建设投资主要由泰州市人民政府负责引进和筹集，学校对学院的教学管理负责，保证办学质量，并负责对学科专业、人才培养、师资队伍等建设规划、方案进行审定和把关。2004年6月，教育部下文正式批复学校与泰州高教园区建设发展有限公司合作试办南京理工大学泰州科技学院。学院于2004年正式招生，招生计划为670人。

放眼世界，扩大开放，国际交流日益频繁

改革开放后，学校顺应形势发展，积极推进人才培养、学术研究、技术攻关等一系列国际交流活动，构建了对外开放办学的良好格局。1987年11月，学校召开改革开放后的第一次外事工作会议，全面回顾改革开放以来学校外事工作所取得的成就，通过了学校《外事工作细则》。

在人才培养的国际化方面，早在 1986 年 5 月，学校就与美国伊利诺大学签订校际友好合作协议，美国伊利诺大学的第一批 10 名学生来校进行为期 10 天的学习。同时，学校 2 名交换学生于当年 8 月赴伊利诺大学工学院研修研究生课程，时间为一年。1992 年 6 月，来自法国鲁昂电气工程师学院的 6 名法国留学生在学校顺利通过了工程师毕业论文答辩。在高科技研究领域接受西方发达国家留学生的毕业课题及论文答辩，当时在我国高校并不多见。2006 年 5 月，学校首次举办研究生暑期学校，本次控制科学与工程研究生的暑期学校邀请了来自美国、英国、中国香港地区和国内控制科学与工程领域的 5 位知名专家为研究生开设 5 门课程，时间持续 2 个月。1995 年 12 月，江苏省教委在学校召开了首批公费出国留学资格证书颁发会议。根据"个人申请、专家评审、平等竞争、择优录取、签约派出、违约赔偿"的原则，经专家评审，学校王风云、方志杰、冯俊文 3 位青年教师被列入江苏省首批领取证书的学者行列。

在学术交流的国际化方面，1988 年 1 月，学校科研成果"序列脉冲激光瞬态全息摄影仪"参加 1988 年 7 月澳大利亚 200 周年世界博览会。同年 10 月，首次在中国举办的国际弹道学术交流会在学校召开，时任校长李鸿志教授和克里尔博士担任大会主席，会议共收到论文 116 篇，130 多名来自国内外的兵工专家与会。1999 年 10 月，由国际烟火协会主办、南理工承办的第二十六届国际烟火会议在南京召开，来自俄、英、美、日等国的专家学者、企业界代表 100 余人参加了会议，大会收到学术论文 101 篇, 其中国外论文 24 篇。2001 年 10 月, 由学校和中国民用爆破器材学会等主办的第一届国际民用爆破器材学术研讨会在南京隆重举行, 来自中、俄、美、日、德、法、比利时、南非、印度、波兰、博茨瓦纳的民用爆破器材领域专家、学者、企业界代表等 100 余人出席了大会。大会收到国内外学术论文 68 篇。2005 年 10 月, 由南理工和美国弗吉尼亚理工大学、香港城市大学共同主办的国际机械工程与力学会议在南京举行, 参加学者达 300 余人, 提交论文超过 1000 篇。

在文化交流方面, 2002 年 8 月 6 日, 由中国汽车工程学会和美国 EDS 公司共同发起主办的 "2002 中国太阳能电动车友谊赛暨巡回展" 南京站的比赛由南京理工大学承办, 并冠名为 "国际大学生环紫金山太阳能汽车友谊赛"。参赛的车队分别是清华大学的 "追日" 号、美国密苏里罗拉大学的 "Solar Miner Ⅲ" 号和美国普林大学的 "Ra" 号。本次比赛在南京引起轰动效应, 中央电视台等众多媒体进行了报道, 产生了广泛的社会影响。

2003 年 9 月, 前来南理工参加 50 周年校庆的德国慕尼黑工业大学校长赫尔曼教授被学校授予名誉博士学位。2007 年 3 月, 学校授予诺贝尔化学奖得主、日本名古屋大学野依良治教授名誉博士学位。在从时任校长王晓锋手中接受证书后, 野依良治先生给大学生作了《不对称催化: 科学与机遇》的报告。

主流引领, 昂扬和谐, 发展氛围催人奋进

各类社会实践活动形式多样, 成绩丰硕。例如, 2002 年 7 月, 学校 8 名青年志愿者在当时中国青年报驻江苏记者站站长戴袁支的带领下，顶着烈日，深入南京近郊栖霞、江宁、汤山的20余个村镇，访问了近140名老人，取得了100多份关于南京大屠杀的证词，修正了相关史料中一些人名、地名的错误，还发现了一些从未被记录过的死亡者的姓名，以及新的物证。这项活动及其成果被《中国青年报》《新华日报》等媒体报道，在社会产生了较大影响。同年12月9日，学校大学生"南京大屠杀"研究会正式成立，是全国首家研究"南京大屠杀"的大学生社团。2003年4月7日至5月22日，紫金学院1999级学生邹祥，作为中央电视台的协作人员进驻珠穆朗玛峰，并两次登上了7028米的高度，从而成为华东高校第一位攀登珠峰的在校大学生。

突发事件处理方法得当，安稳有效。从2003年4月中下旬开始到5月底，全校上下全力投入了抗击"非典"的战斗中，学校采取各种措施预防与控制"非典"疫情。师生团结一心，自觉地配合国家与学校的应急措施，最终成功避免了疫情在学校的出现。此外，学校将多项科研成果应用于防治"非典"。2003年5月，张保民、陈钱教授负责研制开发的"非典"防治的最新科技成果——"红外热成像人群体温实时检测系统"在南京市中央门汽车站出口处安装投入使用，对车站密集人群的体温进行检测，及时排查"非典"病员。该成果被誉为江苏省抗"非典"斗争的"有力武器"。

典型引领，生动感人，引发共鸣。在2005年开展保持共产党员先进性教育活动期间，学校控制理论与控制工程专业教授、博士生导师郭治教授被江苏省委教育工委授予"江苏高校优秀共产党员标兵"称号。由于成绩突出，事迹感人，郭治教授应邀前往南京林业大学、南京信息工程大学等校作保持共产党员先进性教育先进事迹报告。2006年9月，学校党委号召广大教职工向机械工程学院博士生导师周长省教授学习。同时，周长省教授被确定为江苏省教育系统重点宣传报道的典型。9月14日，教育厅与学校联合召开"周长省教授事迹介绍会"，向学校师生及中央、省、市各级媒体介绍周长省教授先进事迹，随后江苏多家新闻媒体予以宣传报道，获得较大社会反响。2007年8月，中央电视台《生活》栏目特别节目《中国骄傲》以"血总是热的"为题，报道了学校动力学院学生岳昌文献血救助失血产妇的感人故事。

文化建设有序推进，广受瞩目。例如，1987年10月，华东工学院电视台正式开播。1990年6月，江苏省广播电视厅专家组对学院共用天线电视系统进行了检查验收，同意颁发《有线电视验收合格证》《有线电视播映证》。1993年10月，校电视台学生台正式开播，这是全国首家高校电视台学生台。2006年6月，学校获批国家级大学生文化素质教育基地。同年11月，学校申报的《凝炼国防教育文化特点，营造创新和谐育人氛围》荣获全国高校校园文化建设优秀成果一等奖（全国仅4所高校获此殊荣）。2008年4月1日晚，由中宣部、中央文明办、教育部、民政部、文化部、国家语委主办的《我们的节日——中华经典诵读会·清明篇》在学校学术交流中心举行。

民主管理贴近师生，扎实有效。从1987年2月起，学校领导于每星期五下午轮流到校学生会现场办公，接待学生来访。尽管学校在 20 世纪 90 年代初期将接待师生的时间调整为每周四下午，但该制度始终能得到严格执行，成为师生与校领导、相关部门负责人"面对面""心交心"地解决实际问题的重要渠道。

5 服务三化，乘势新业（2008 年至今）

学校归属工业和信息化部

2008 年 6 月 29 日，国家工业和信息化部正式挂牌，标志着这个在原发改委、国防科工委、信息产业部和国信办等机构基础上组建的中央部委正式运营。学校与其他 6 所原国防科工委管理的高校正式归属工业和信息化部。

工业和信息化部是在国家"走新型工业化道路"的新形势下应运而生的，比国防科工委的职责有了更多的拓展，涵盖了国防科技工业、信息产业、软件产业、核心电子元器件等。学校归属工业和信息化部，将面对更广阔的发展空间和更广泛的资源，是一次新的挑战，更是学校建设发展的一个重大机遇。在归属工信部后，学校深入贯彻落实"走新型工业化道路""建设创新型国家""科教兴国""人才强国"等国家战略，继续勇立潮头，努力建设国内一流、国际知名的特色高水平研究型大学，在服务工业化、信息化和国防现代化以及推进"工信融合、军民结合"的伟大事业中谱写中国梦的南理工篇章。

学科专业建设取得新进展

2008 年以来，学校紧密围绕国家战略发展需要和经济社会发展需求，主动推进学科专业优化调整工作，组建了环境与生物工程学院、设计艺术与传媒学院，拓展成立了外国语学院、材料科学与工程学院。2014 年 2 月，由国家知识产权局、工业和信息化部、江苏省人民政府共建的南京理工大学知识产权学院正式揭牌运行。

2011 年 3 月，ESI（Essential Science Indicators）数据库 2011 年最新排名（数据统计时段：2000 年 1 月 1 日至 2010 年 12 月 31 日）显示，学校工程学、化学、材料科学等 3 个学科进入 ESI 国际排名，入围全球前 1%。

2011 年 9 月，学校力学、电子科学与技术、信息与通信工程、计算机科学与技术、化学工程与技术等 5 个一级学科入选"十二五"期间江苏省重点学科。2012 年 12 月，学校 7 个学科入选工业和信息化部"十二五"重点学科专业名单，其中，材料科学与工程、化学工程与技术、光学工程、电子科学与技术等 4 个学科被评为两化融合类学科，环境工程被评为支撑性基础学科，高端装备设计制造与质量管理、社会公共安全信息工程等 2 个学科被评为新兴交叉学科。

人才培养工作成绩喜人

2008 年 9 月，杨孝平教授、钟秦教授分别领衔的"大学数学基础课群教学团队""化学工程系列课程教学团队"被评为"国家级教学团队"。2010 年 3 月，钱林方教授领衔的"武器系统与工程专业课群教学团队"和吴晓蓓教授领衔的"自动控制课群教学团队"成为国家级教学团队。

2008年9月,学校成为第二批"国家大学生创新性实验计划"学校。2012年7月,学校获批建设12个国家级工程实践教育中心。同年8月,学校工程创新综合实验中心(工程训练中心)成为"十二五"国家级实验教学示范中心建设点。同年9月,学校146个创新创业项目入选2012年度第一批国家级大学生创新创业训练计划项目。同时,学校8种教材入围教育部第一批"十二五"普通高等教育本科国家级规划教材。

在拔尖人才培养方面,学校于2010年4月出台《拔尖创新人才培养方案》,其中赋予学生学习自主权的多项举措在全国高校中都属创新。根据这个方案,选拔优秀学生设立的校级实验班实行"2+X"学习模式。学生前2年研习学校基础课程,从第3年开始,经过学生和导师共同协商,由学生根据兴趣确定未来的专业方向和学习课程,也可以由学校送到国内外著名大学去学习相关课程。同年10月,按照"2+X"学习模式举办的首届校级实验班开班。新的实验班在学校以往培优班的基础上设立,培优班从1999年成立以来,培养了大批优秀人才,学生在各类竞赛中取得优异成绩,免试研究生率基本稳定在70%左右。2013年1月,学校在校级实验班的基础上正式成立教育实验学院。

在研究生培养方面,学校于2009年12月接受工信部研究生教育优秀工程评估。经过走访听课、座谈交流、现场考察、审阅材料等评估程序后,工信部评估专家组对学校研究生教育工作取得的成绩给予了高度评价。专家组认为,学校充分发挥机、电、光、化等多学科综合优势，不断扩大兵器学科的内涵，形成了以陆为主，陆、海、空、天协调发展的"立体兵工"特色学科体系。2010 年 5 月，教育部批准包括南理工在内的 7 所高校和 6 所工程研究院开展"高等学校和工程研究院所联合培养博士研究生"的试点工作，教育部为此向学校增加了 8 个博士生招生指标。同年 6 月，学校与中国工程物理研究院签署了《中国工程物理研究院与南京理工大学联合培养博士研究生协议》。

学生参加各类竞赛捷报频传，无论是获奖数量，还是获奖层次，均有大幅突破。2009 年 11 月，学校 5 项作品获得第十一届"挑战杯"全国大学生课外学术科技作品竞赛奖项，其中一等奖 1 项、三等奖 4 项，团体总分名列第 20 位。2011 年 10 月，学校电光学院参赛作品《"智能眼"——融合信息感知系统》获得第十二届"挑战杯"全国大学生课外学术科技作品竞赛一等奖。2013 年 10 月，在第十三届"挑战杯"全国大学生课外学术科技作品竞赛决赛中，学校最终以总分并列全国第六的成绩捧得"优胜杯"。

2009 年 6 月，在第七届全国周培源大学生力学竞赛（个人赛）中，学校以获得 3 个全国特等奖（共 5 名学生）、4 个全国一等奖（共 15 名学生）、4 个全国二等奖（共 33 名学生）的突出成绩，创造了该赛事举办以来一所高校获奖等级最高、获奖最多的历史纪录。2011 年 7 月，在第八届全国周培源大学生力学竞赛（个人赛）中，机械学院 2008 级车辆工程专业的黄焕军同学以 102 分的高分获得全国第一名。

2011 年 11 月，设计艺术与传媒学院工业设计专业大三学生龚华超，以名为 Number Keypad Film for Touchpad（触板数字贴膜）的新颖设计，和来自全球 49 个国家的设计师同台竞技，最终摘得国际红点设计奖（Red Dot Design Award）最佳概念设计奖（best of the best）。红点设计奖是国际公认的全球工业设计顶级奖项之一，与德国"IF 奖"、美国"IDEA 奖"并称为世界 3 大设计奖，并被冠以国际工业设计"奥斯卡"称号。

积极面向社会，扎实做好毕业生就业、创业工作，受到师生认可和社会好评。2012 年 5 月，学校被评为"2011～2012 年度全国毕业生就业典型经验高校"。学校总结了就业工作三大特色：一是确立三个导向，建立"招生培养就业"联动机制；二是创建"一体两翼三平台"的创业教育工作体系；三是建立"学校主导、学院主体、学科联盟"的就业工作新机制。同年 7 月，在全国就业创业工作表彰大会上，学校机械学院被授予"全国就业工作先进单位"荣誉称号。

2011 年 12 月，玄武区一府六校（院所）科技创业合作大会暨南京紫金常春藤大学生科技创业园揭牌仪式在学校科技会堂举行。根据协议规定，学校以科技人才资源和现金 50 万元、玄武区政府以 200 万元"天使基金"以及孝陵卫街道以现金 50 万元、2000 平方米场所和 3 年期租金共同建设创业园。创业园由孝陵卫街道进行装修和基础设施改造，大学生创业团队经过审批通过后即可"拎包入驻"，并享受房租减免、资金扶持等一系列优惠政策。2012 年 9 月，学校大学生创业孵化园开园仪式在学生南区举行。

2012 年 11 月，江苏省教育厅专家组来南理工检查"大学生创业教育示范校"建设工作。专家组一致认为，学校认真贯彻江苏省大学生创业教育示范校建设的各项要求，扎实推进各项工作，领导重视、机构健全、保障到位，教学和实践体系完备，构建了"三位一体"的创业实践基地，涌现出一批创业成功典型，形成了良好的社会辐射效应，较好地发挥了示范引领作用。同时，专家组认为学校创业教育工作目标明确，特色鲜明，探索出了一条可持续发展的创业教育模式，为江苏大学生创业教育示范校建设乃至创业教育工作的开展提供了一个很好的模式，值得在全省推广。

科学研究工作频现新亮点

2008 年以来，学校连续获得多项国家级科技奖励。2008 年 1 月，机械工程学院张合教授团队主持的项目荣获 2007 年度国家科技进步二等奖。

2009 年 1 月，电光学院陈钱教授领衔的项目和机械工程学院王晓鸣教授参与的项目均获得 2008 年度国家科技进步二等奖。

2010 年 1 月，学校获得 2009 年度国家级科技奖励 3 项，其中杨静宇教授主持的理论研究成果被评为国家自然科学二等奖，实现了学校在自然科学技术奖上"零"的突破，化工学院李凤生、能源与动力工程学院芮筱亭教授分别主持的 2 项研究成果被评为国家技术发明二等奖。

2011 年 1 月，学校有 3 项科技成果获 2010 年度国家级科技奖励。能源与动力工程学院宣益民教授主持的"纳米流体能量传递机理研究"理论研究成果获得国家自然科学二等奖；化工学院汪信教授主持的"钴酸镧等高性能超细氧化物催化剂的制备和应用技术"民用科技成果、能源与动力工程学院芮筱亭教授主持的国防科技成果获得国家科技进步二等奖。

2012年2月，学校2项成果荣获2011年度国家技术发明二等奖，分别由材料科学与工程学院王克鸿教授团队和能源与动力工程学院芮筱亭教授团队完成。

2008年以来，学校承担多项国家级和省部级重大科研项目。例如，2009年10月，学校获批2009年"高档数控机床与基础制造装备"科技重大专项立项课题4项。"高档数控机床与基础制造装备"是《国家中长期科学和技术发展规划纲要（2006年至2020年）》确定的16个重大专项之一。此外，学校承担"高分""探月""新一代宽带无线移动通信网"等多个国家重大科技专项领域课题，还承担了国家"973计划"项目、国家"863计划"课题数十项。

值得一提的是，在江苏省组织的共5届（截至2013年）"十大杰出专利发明人"评选中，学校王泽山院士、王克鸿教授、陈钱教授、张合教授和李凤生教授分别入选，学校也成为江苏省唯一一所每届都有教授入选的高校。此外，学校还有多项成果获江苏省专利金奖。

2008年以来，学校更加重视科研平台建设，成效显著，为高层次科学研究和人才培养提供了重要保障。2008年9月，汤山军工试验中心正式揭牌，该中心是瞄准国家战略需求和国防科研前沿趋势、着眼于关键技术攻关而建设的具有一流水准的国防基础研究和人才培养核心基地。

2012年1月，学校申报的"高维信息智能感知与系统"教育部重点实验室获批立项。2010年12月，学校申报的江苏省化工污染控制与资源化高校重点实验室获批立项，为学校首个江苏省高校重点实验室。2011年8月，学校申报的江苏省光谱成像与智能感知重点实验室获批立项，成为学校首个江苏省高技术重点实验室。

2011年5月，"南理工QNXTI嵌入式智能信息系统联合实验室"揭牌仪式举行，该实验室是"QNX及TI联合中国高校计划"项目在中国建设的首批高水平实验室之一。2012年9月，中国-白俄罗斯"真空等离子体技术"国际科学实验室成立，时任校长王晓锋和白俄罗斯戈梅利国立大学校长罗加乔夫·亚历山大校长共同为实验室揭牌。

2012年10月，"南京理工大学格莱特纳米科技研究所"揭牌成立，由国际纳米晶材料权威、德国科学院副院长赫伯特·格莱特教授领衔担任所长，他还身兼德国科学院院士、美国科学院院士、美国工程院院士、印度科学院院士。格莱特教授于1980年在国际上第一个提出纳米晶材料的构想，首创并推进了纳米科技的发展。

人才队伍建设取得新突破

2008年年初，学校发布党政"1号文件"——《南京理工大学师资队伍建设"卓越计划"实施意见》。这也是学校推进人才强校战略、继完成师资队伍建设"立本三年计划"后又一个新时期人才建设计划。与三年"立本计划"相比，"卓越计划"在人才观念上开始由数量向质量转变：突出了高层次领军人才队伍建设和创新学术团队建设；突出多元化人才培养体系的构建与完善，突出推进教师队伍国际化发展，突出人才引进、培养的机制创新。

近年来，学校高层次人才队伍建设捷报频传，学校"高维信息智能感知与系统创新引智基地""微纳米材料与装备引智基地"先后获"高等学校学科创新引智计划"（"111计划"）立项支持。崔向群、杨绍卿、卢柯、杨秀敏等两院院士先后加盟学校。王中原、陈钱、陈如山、徐胜元、王明洋、栗保明、冯刚、陈本美、何永昌等先后被评为教育部"长江学者"特聘或讲座教授。张学记、朱运田、黄捷、刘学峰、王田禾、冯刚、陈增涛、冯宁宁、周敏等入选国家"千人计划"。陈如山、徐胜元、杨健、车文荃、李强、赵永好等获得国家杰出青年科学基金资助。杨孝平、钟秦、吴晓蓓先后获评国家教学名师，钟秦入选国家第一批"万人计划"教学名师。芮筱亭教授被中共中央组织部、人力资源和社会保障部、国家国防科技工业局、中国科学院和中国工程院联合授予第三届"国防科技工业杰出人才奖"。以周长省、钱林方、张合、沈瑞琪和芮筱亭诸位教授为带头人的5个学术团队入选第二批国防科技创新团队（2007年7月，以汪信教授、王中原研究员为带头人的2个学术团队入选第一批国防科技创新团队）。此外，身兼德国科学院院士、美国科学院院士、美国工程院院士、印度科学院院士的赫伯特·格莱特教授，德国科学院院士、欧洲科学院院士霍斯特·哈恩教授，德国科学院院士、德国工程院院士哈拉尔德·福克斯教授，等等，加盟学校格莱特纳米科技研究所。

国际交流与合作日益频繁

在合作办学方面，学校于 2010 年 3 月和美国著名高校卡耐基·梅隆大学正式签署了联合培养双学位硕士研究生的合作备忘录。从当年秋季开始，获得学校硕士研究生入学资格的学生将有机会申请参加"1＋1"联合培养计划，完成在南理工和卡耐基·梅隆大学各为期 1 年的课程学习，毕业后将同时获得卡耐基·梅隆大学"机器人技术"专业的硕士学位和学校"模式识别与智能系统"专业的硕士学位。此项协议的签署，使学校成为卡耐基·梅隆大学在中国地区开展该领域研究生层次教育培养的唯一合作院校。

2011 年 3 月，中俄工科大学联盟（ASRTU）成立大会在深圳举行，会议由哈尔滨工业大学承办，学校作为联盟成员应邀参加。中俄工科大学联盟是在高等教育国际交流日趋活跃并逐渐深入的背景下，由哈尔滨工业大学与莫斯科鲍曼国立技术大学联合发起成立。联盟成员目前有 30 所高校，中俄双方各15 所。

2012 年 3 月，"南京理工大学与澳大利亚国立大学优秀本科生国际交流项目""南京理工大学与美国代顿大学优秀本科生国际交流项目""南京理工大学与瑞典卡尔斯塔德大学优秀本科生国际交流项目""南京理工大学与德国慕尼黑工业大学优秀本科生国际交流项目"入选国家留学基金管理委员会2012 年"优秀本科生国际交流项目资助项目"。同年 7 月，学校与英国考文垂大学合作举办工业设计专业本科教育项目也获得了教育部批准。

学校多次举办（承办）各类高层次国际学术会议。2009年10月，学校与美国弗吉尼亚理工大学、德国开姆尼茨工业大学、日本九州大学、香港城市大学等5所著名高校共同主办"第三届国际机械工程与力学会议"。11月，由中国自动化学会及模式识别国家重点实验室主办、学校计算机学院承办的2009年全国模式识别学术会议暨中日韩模式识别学术研讨会在学校举行。

2010年5月，学校与中国兵工学会共同主办的第25届国际弹道会议在北京召开，这是该会议第一次在亚洲国家举办。300多名国内外弹道学的专家学者参加了本次会议。学校王中原教授作为大会执行主席主持了本届会议的开幕式，并代表中

学校承办第25届国际弹道会议

国作大会主题报告。本届大会共收录论文 212 篇，其中来自南理工的论文有 45 篇。大会围绕内弹道、外弹道、发射动力学、战斗部、装备与人员防护、创伤弹道等领域的未来技术发展趋势与突破进行探讨与交流。本次会议上，国际弹道学会成立了第一届国际弹道学会董事会，王中原教授成为 9 名董事会成员中的一员。本届大会设立 4 个奖项，其中"周培基青年作者奖"（Pie and Rosalind Chou Young Author Award）由学校动力学院陈新虹博士获得。这也是中国人首次获得国际弹道大会奖项。在 2011 年 9 月举行的第 26 届国际弹道会议上，学校成为国际弹道学会首批 2 个大学会员之一。

2011 年 3 月，第 5 届剧烈塑性变形纳米材料国际会议在学校召开。中国科学院金属所所长卢柯院士和国际剧烈塑性变形领域的朗顿、瓦里耶夫、朱运田教授等著名学者及来自近 30 个国家和地区的 300 多名代表出席会议，围绕塑性变形法制备的超细晶、纳米晶材料的物理本质、加工方法、性能及应用等主题开展学术交流。这也是剧烈塑性变形领域规模最大、最具影响力的国际会议首次在我国召开。大会共收到投稿论文 380 多篇，其中 200 篇被收入大会论文集。同年 9 月，国际推进剂、炸药、烟火技术秋季研讨会（2011 IASPEP）在学校举行，共吸引来自多个国家的 150 余名代表参加。

学校还广泛开展国际文化交流与合作。例如，2009 年 10 月，学校在法国驻上海总领事馆的支持下举办"法国科技教育文化周"。活动期间，学校举办了法国文化教育图片展、法国电影展、法国高等教育系列讲座等系列活动。

产学研合作成效显著

2008年11月，学校首个校外研究院——"南京理工大学无锡研究院"揭牌。"十一五"以来，无锡市为了提升与高校的科研合作，制订了"7＋1"（现扩大为"10＋1"）合作方案，重点发展产学研结合的高新技术产业，为无锡市的科技与经济发展提供有力支撑。南理工作为成员之一，与无锡市政府及企业开展了形式多样的科技合作，合作成果突出。2009年3月，学校和南京市白下区人民政府、中国留学人员创业协会共同签署硅谷（南京）创新创业基地创建协议，基地于当年9月揭牌。同年5月，学校与德国轨道交通技术研究院（有限责任公司）就共同组建中德轨道交通研究院正式签署合作协议。10月，学校与常熟市同共成立政府支持、产学研结合、市场化运营的研发和服务机构——南京理工大学常熟研究院。11月，学校和江苏锡山经济开发区管委会签订联合成立"南京理工大学无锡传感网应用开发中心"合作协议。2012年6月，南京理工大学诸城研究院成立。2012年11月，学校与紫金（六合中山）特区签约共建"南京理工大学中山工程技术研究院"。

学校产学研合作的模式多次被媒体报道并获得认可。2010年5月，新华社、新华日报社、科技日报社3家媒体组成的"校企联盟采访团"到学校采访，探寻产学研合作的"南理工模式"。2010年12月，学校大学科技园被中国产学研促进会认定为"中国产学研合作创新示范基地"单位。2012年12月，在第六届中国产学研合作创新大会上，学校常熟研究院是全国高校校外产学研基地中唯一获得"中国产学研合作创新示范基地"称号的。2012 年 10 月，江苏省委书记罗志军考察国家级技术转移示范机构——南京理工大学技术转移中心，对学校围绕科技成果转化所进行的体制机制创新和学校技术转移中心按照企业化运行方式为科技人员提供技术转移全过程服务的模式给予了充分肯定。

2011 年 11 月，学校制定《南京理工大学鼓励师生依托产学研基地创新创业的暂行规定》，提出：教师在产学研基地的创业经历可作为一项工作量考核的指标，也可作为校内职称晋升、干部聘任、岗位聘任的依据；创业教师在产学研基地申报科研项目和经费、科研成果专利等，和校内老师享受"同等待遇"。据悉，这在南京高校中尚属首例。新规定鼓励师生员工依托产学研基地进行科技成果推广转化、创办学科型公司。学院（系）或其科技人员的技术成果（专利、非专利技术、计算机软件等）作价入股或增资扩股，并且课题组成员可直接持股，持股份额最高可达 70%。

2012 年 8 月，中央电视台《新闻联播》播出新闻《南京："科技九条"鼓励科技人员创业》，报道了学校材料科学与技术学院刘和义老师的自主创业经历。氧化锆纤维是一种在航天领域广泛应用的隔热材料，多年来，一直需要从国外进口。2011 年，刘和义老师研发的氧化锆超高温隔热材料获得国家专利，可以替代国外进口产品。同年 1 月，南京出台了"教授离岗创业，其身份和职称保留三年，档案工资照涨；系主任、校长也可以开公司做老板；职务发明大部分收益归个人；学生休学创业照计学分……"等扶持科技创业的九条政策,充分调动科技人才创业积极性。手握专利的刘和义想到了创业。当年5月,学校与企业签署合作协议,学校以技术入股,持股30%,其中,刘和义个人拥有18%的股份。

大学生党员"百时奉献"活动影响深远

2009年10月,学校2009~2010学年大学生党员"百时奉献"实践活动启动仪式在艺文馆多功能厅举行,标志着这一活动在全校大学生党员中的深入推进。大学生党员"百时奉献"实践活动作为新时期学校创新学生党建和思想政治教育工作的有效载体,自2003年开展以来,广大学生党员积极投身社会志愿活动,服务同学、服务社会,展现出了青年大学生党员的良好精神风貌。该项活动近年来曾获江苏省最佳党日活动一等奖、江苏省高校学生教育管理工作创新奖,被中国教育电视台等各级新闻媒体宣传报道,并在2009年8月工信部组织的大学生学习实践科学发展观活动报告会上做了交流发言,受到好评。

2012年4月,以"青春闪亮南理工"为主题的"大学生党员学习雷锋精神百时奉献岗活动"启动仪式在学校第四教学楼举行。"百时奉献"岗分为"学生事务服务"和"学院主题服务周"两部分:"学生事务服务"主要为同学们提供包括党员发展指导、学习生活类服务指导、毕业生就业服务指导、教务手续办理指导、各类证件补办指导、教室场地申请指导等6大类32项服务,每天下午2:30~4:30由学生党员在奉献岗为广大同学提供服务;"学院主题服务周"主要是由各学院结合自身的专业特色和优势开展的另一项专题性的服务。

2011 年 11 月，江苏省教育系统创先争优活动简报第 100 期以《他身上闪耀着青春的光芒》为题报道了学校材料学院 2008 级学生蔡杨波自强自立、奉献社会的事迹。这是江苏省教育系统开展创先争优活动以来由活动简报刊发先进事迹的第一位学生共产党员。蔡杨波同学也是学校大学生党员"百时奉献"实践活动中涌现出的先进典型之一。蔡杨波家境贫寒，3 岁时父母离异，他通过努力拼搏来改变自己的命运。进入大学后，他每学期都获得学校奖学金，两次获得国家励志奖学金，荣获"2011 年度校长奖章"和校"励志之星"等荣誉称号。他业余兼职过 16 份工作，不但保障了自己的生活，而且免费给同学介绍兼职机会，甚至将文具、课本带给西藏的小学生。蔡杨波的自强故事感动了很多人。2011 年 10 月，中央电视台、江苏卫视以及《现代快报》《南京晨报》等多家媒体报道了蔡杨波的感人事迹，产生了广泛的社会影响。

师生共同为 2008 年北京奥运会做贡献

2008 年 8 月 8 日，第 29 届夏季奥林匹克运动会在北京开幕。学校师生不仅热切关注北京奥运会，也积极为奥运做贡献。

2008 年 5 月 6 日，在珠峰大本营，中国登山队新闻发言人张志坚博士公布了 2008 年北京奥运火炬接力珠峰传递登山队组成名单，学校电光学院光电信息工程专业在读学生徐颖名列其中。作为登山队中的大学生队员之一，他也是江苏省参加北京奥运火炬接力珠峰传递圣火的唯一一人。徐颖作为火炬珠峰传递队员曾驻守海拔 6500 米的营地一个多月，并 4 次运送物资到海拔 7028 米的营地，为火炬登顶珠峰做出了贡献。7 月，教育部等单位主办"勇攀珠峰——全国大学生珠峰火炬传递先进事迹报告会"，徐颖作为主讲嘉宾参加了报告会，获得"全国奥运火炬传递勇攀珠峰优秀大学生"荣誉称号。

除此之外，化工学院潘功配教授率领的科研团队专门针对奥运焰火的燃放，就新型烟花材料、无烟焰火、环保花炮、花炮制造工艺和燃放新技术等专题进行了研制，并取得了多项突破，其中很多创新成果为奥运焰火的成功燃放提供了有力的支持。潘教授还参与了航天三院牵头的"2008 北京奥运 HJG2 珠峰火炬"研制，在两个关键技术上做出突出贡献。同年 10 月，潘功配教授获"科技奥运先进个人"称号。同时，为支持奥运期间的安保工作，学校的国家民爆检测中心还为机场安全检测提供了技术服务与支持。机械学院的何凌俊同学入选闭幕式二胡演奏员，参加了闭幕式的演出；朱皓天、陆晗、冯天宇和舒元超等 4 名同学作为志愿者参与了奥运赛事的服务工作。

三　国之重器

　　毛泽东在为哈军工题写的《训词》中提出："我们迫切需要的，是要有大批能够掌握和驾驭技术的人，军事工程学院的创办，其目的就是为了解决这个光荣的任务。"一流人才的培养靠的是一流的师资。陈赓大将在建校之初就强调"善之本在教，教之本在师"。60多年来，南理工始终将师资作为第一资源，外引内培，名师辈出。广大教师"倾心于教传薪火，化作红泥更护花"，涌现出了一批又一批教书育人的楷模。他们教书启智，育人铸魂，成为学生终身发展的奠基石，构筑了南理工的独特"风骨"。"青出于蓝胜于蓝"，从"哈军工"炮兵工程系到现在的南京理工大学，先后走出了11名两院院士、30多名省部级以上领导、30余位将军、30余位大学校长及书记、数百位著名企业家等。尤其令我们自豪的是，每当国家奋起直追、提速发展时，南理工人从未缺席。本篇以小传形式简要介绍学校在60多年办学历程中涌现出的名师名将和杰出校友，他们堪称国之重器。

1 开国名将

陈 赓

陈赓（1903～1961），原名陈庶康，湖南省湘乡市龙洞乡泉湖村人，伟大的无产阶级革命家、军事家，中国人民解放军的优秀领导者，中国人民解放军大将。

1922年他加入中国共产党，1924年入黄埔军校第一期学习。历经北伐、南昌起义、长征、抗日战争、解放战争，他为人民的解放事业立下汗马功劳。

1951年陈赓参加抗美援朝，任中国人民志愿军副司令员兼第三兵团司令员、政委。1952年6月回国，筹办中国人民解放军军事工程学院（即哈军工）并任第一任院长兼政委，培养出大批科技人才。1954年10月任中国人民解放军副总参谋长，1955年被授予大将军衔，1956年当选为中共第八届中央委员。1958年9月兼任国防科学技术委员会副主任，1959年9月任国防部副部长。1961年3月16日，他在上海病逝。

1952年6月他奉命组建新中国第一所军工科技学府——

陈 赓

中国人民解放军军事工程学院（简称"哈军工"），被誉为"哈军工之父"。在办学期间，陈赓院长以战略家的眼光和勇气，在短期内将哈军工办成了全国一流学府，创造了中国乃至世界高等教育史上的一个奇迹。

陈赓院长强调"两老办学"，带头尊师重教。他倡导"善之本在教，教之本在师"。"善之本在教"，强调了教育在个人成长中的重要作用；"教之本在师"，回答了教育靠谁来完成的问题。他提出，既要依靠"长征两万五"，也要依靠"十年寒窗苦"，主张依靠干部、专家两支队伍齐心协力办学，对知识分子要"政治上信任，工作上放手，生活上关心"。这些主张使得全院上下形成了尊重知识、尊重人才的浓厚氛围。他还站在战略的高度，回答了学生、教师、管理人员在办学育人中的关系，并对此作了十分形象的说明："教师是炒菜的，干部是端盘子的，端盘子和炒菜的都是为了学生'吃'好，学校的宗旨是育人，一切为了学员的学习成长。"

陈赓院长在办院之初就认识到在加强教学工作的同时，学校还应肩负起国防科研的重任。他强调："科学研究是高等学校教学的基础。没有科学研究工作就不可能完成教学任务。必须大力开展，不应有一个教员例外。"

这些教育思想，对南京理工大学 60 多年来的建设发展起到了巨大的激励和启示作用。2013 年 9 月，值哈军工创办 60 周年暨南理工校庆 60 周年之际，学校决定在新修建的友谊河南岸历史文化景观带——"止戈园"内竖立陈赓大将的铜像，

以供广大师生校友缅怀敬仰，
教育并激励后人见贤思齐、成
才立业。铜像的设计者为国内
著名雕塑家、东南大学环境设
计与公共艺术研究所所长赵思
毅教授。

孔从洲

孔从洲（1906～1991），
原名孔从周，谱名孔祥瀛，字
郁文，陕西西安灞桥人。中国

位于南理工"止戈园"的
陈赓铜像

共产党的优秀党员，久经考验的忠诚的共产主义战士，无产阶
级革命家，优秀的军事指挥员，中国人民解放军中将。

孔从洲于 1924 年参加国民革命军，1936 年任国民革命军
陕西警备第二旅旅长兼西安城防司令，为促使"西安事变"
的成功发动、实现伟大的历史
转折做出了卓著贡献。1946 年
5 月，他任国民党陆军第三十
八军中将副军长，率部在河南
巩县起义，同年加入中国共产
党。新中国成立后，他历任西
南军区炮兵司令员兼第二炮兵
学校校长、西南军区军械部部
长、高级炮兵学校校长、炮兵
工程学院院长、军委炮兵副司

孔从洲

令员兼炮兵科学技术研究院院长等职。1955 年他被授予中将军衔，曾任第二届和第三届国防委员会委员、第五届全国政协常务委员会委员、第六届全国人大常委会委员，1955 年获一级解放勋章，1988 年获一级红星功勋荣誉章。他于 1991 年 6 月 7 日去世。

1960 年，中央任命孔从洲担任新组建的中国人民解放军炮兵工程学院院长。孔从洲将军力克时艰、不辱使命，在最短时间内实现了学校办学的正规化和规模化，为学校事业的持续跨越发展奠定了坚实的基础。他十分关爱学生，常去宿舍探望，亲自送毕业生到火车站；他十分关心教师，曾把教师比作"打仗第一线的指战员"，强调教师的极端重要性。此后，他又成为我军军事科技装备工作的具体领导者，并成为我军开展电子战研究、建立电子对抗部队的发起人之一。

2013 年 9 月，值南理工校庆 60 周年之际，学校决定在新建成的友谊河南岸历史文化景观带竖立孔从洲将军铜像，以纪念孔从洲将军为创立南理工、建设南理工做出的卓越贡献，不断激励广大师生继往开来。铜像设计者为国内著名雕塑家赵思毅教授。此外，学校的校史展览馆也设有孔从洲将军专题展厅。

谢有法

谢有法（1917 ~ 1995），江西省兴国县人，中国共产党优秀党员，忠诚的共产主义战士，无产阶级革命家，中国人民解放军优秀的政治工作者，中国人民解放军高级将领。1955 年他被授予中将军衔，历经土地革命、抗日战争、解放战争，荣获三级八一勋章、二级独立自由勋章、一级解放勋章，1988

年荣获一级红星功勋荣誉章。

中华人民共和国成立后，谢有法任中国人民志愿军第九兵团政治部主任。1958 年 1 月，他调任哈尔滨军事工程学院任政治委员，后历任中共中央基本建设委员会政治部主任，沈阳军区副政治委员，政治学院政治委员、顾问。

谢有法

谢有法工作上兢兢业业，生活上艰苦朴素，严于律己，为官清廉。1980 年他从东北向北京搬家，全部家当还没有装满一卡车。然而，对于家乡建设，他却不遗余力给予支持。1973 年回乡探亲后，他当即取出多年积攒的一万元，无偿捐献给长冈乡，用以植树造林，改造家乡穷山恶水的落后面貌。他身后没留下财产，却为后人留下了比金钱更珍贵的几十本政治工作及作战日记。他带职离休后，仍带病撰写军事和政治工作论著，直到辞世。时任军委副主席张震赞扬他说："几十年如一日保持和发扬了老红军的本色，真是难能可贵！"他于 1995 年逝世，享年 78 岁，著有《奋战在沂蒙的第一纵队》。

刘居英

刘居英，1917 年出生，吉林省长春市人，第三届全国人民代表大会代表，中国共产党第八次全国代表大会代表。他于 1955 年被授予少将军衔，荣获二级独立自由勋章、一级解放

刘居英

勋章，获朝鲜民主主义人民共和国一级国旗勋章，一级独立自由勋章，1988年荣获一级红星功勋荣誉章。

刘居英历经土地革命、抗日战争、解放战争，为民族的解放事业做出巨大贡献。中华人民共和国成立后，1950年5月，他任中长铁路管理局局长，同年10月，任东北军区运输司令部司令员。抗美援朝战争中，他历任志愿军前线运输司令部司令员、中朝联合铁道运输司令部（简称联运司）副司令员，为创建"打不烂、炸不断的钢铁运输线"、取得抗美援朝战争的胜利做出了贡献。

1954年2月，刘居英任中国人民解放军军事工程学院副院长，1961年任军事工程学院院长。1966年3月，军事工程学院改名为哈尔滨工程学院，刘居英任院长兼党委书记。1972年6月，他任海军政治部主任，1977年入中央党校学习，1978年5月，任铁道兵副司令员，参与组织指挥部队修建青藏、南疆、通霍、兖石铁路。1982年，他任引滦入津工程总指挥，1987年1月离职休养。

廖成美

廖成美（1916~2001），福建龙岩人，1935年参加中国工农红军，同年加入中国共产党，1955年被授予少将军衔。他

曾获二级八一勋章、二级独立
自由勋章、一级解放勋章，当
选为中国共产党第九次和第十
次全国代表大会代表。

廖成美历经土地革命、抗
日战争、解放战争，为民族独
立和人民解放浴血奋战，贡献
突出。中华人民共和国成立
后，廖成美历任华东特种兵纵
队政治部副主任兼战车师政

廖成美

委、华东炮兵政治部主任和副政委、高级炮兵技术学校政委、
高级军械技术学校政委、炮兵工程学院政委第二炮兵基地司令
员、第二炮兵副司令员等职。在炮兵部队工作期间，他刻苦钻
研炮兵武器装备知识，坚持在学中干、干中学，为炮兵的发展
壮大做出了贡献。2001 年，他
因病在北京病逝。

贺振新

贺振新（1916～1966），
江西永新人，1955 年被授予少
将军衔，曾获二级八一勋章、
二级独立自由勋章、二级解放
勋章。

1930 年贺振新加入中国共
产主义青年团，1931 年参加中

贺振新

国工农红军，同年由团转入中国共产党。他历经土地革命、抗日战争和解放战争，始终忠于革命，致力于民族的解放事业。中华人民共和国成立后，他任第一野战军师政治委员，率部在新疆屯垦戍边。1952年，他到中央马列学院学习，毕业后于1954年8月调任哈军工炮兵工程系副主任、政治委员兼军械科学研究所政治委员。1960年哈军工分建，他任炮兵工程学院副院长，后任炮兵科学技术研究院政治委员。1965年，他任新疆生产建设兵团副政治委员。

"文革"初期，贺振新被林彪在新疆的代理人打成"反党集团成员"。1966年12月12日，贺振新含冤去世，年仅50岁。1978年，中央为贺振新彻底平反昭雪，并重新召开追悼大会。

李仲麟

李仲麟（1920~2000），浙江省鄞县人。1938年他参加八路军，同年加入中国共产党。中华人民共和国成立后，他历任东北军区军械部部长、莫斯科炮兵工程学院学员、中国人民解放军炮兵工程学院院长、华东工程学院院长等职，1964年被授予少将军衔。

李仲麟到炮兵工程学院后，一心想将其打造成软硬件都一流的科研教学基地，

李仲麟

他提出在学院建立"风洞实验室"。为了吸引一流人才，他还亲自到上海名校去挑选优秀毕业生。

林胜国

林胜国（1914～2000），湖南省平江县人，1928年加入中国共产主义青年团，1930年参加中国工农红军，1932年由团转入中国共产党，历经土地革命战争、抗日战争、解放战争，功勋卓著。中华人民共和国成立后，他历任华东军区炮兵政治部副主任、南京军区炮兵政治部主任、武昌高级军械技术学校副政治委员、炮兵工程学院副政治委员及纪委书记。1964年，他被授予少将军衔，1966年3月被调往东北。

林胜国

2 学界翘楚

任新民

任新民，安徽省宣城宁国市河沥溪人，1915年2月生，中共党员，航天技术和火箭发动机专家，中国科学院院士，国际宇航科学院院士。1940年他从重庆兵工学校大学部毕业，1945年赴美国密歇根大学研究院留学，获机械工程硕士和工

任新民

程力学博士学位。1949年8月回国后，他在华东军区军事科学研究室任研究员，1952年在哈尔滨军事工程学院任教，1956年8月参加筹建国防部五院的工作，历任总体室主任、液体火箭发动机设计部主任、一分院副院长兼液体火箭发动机研究所所长、七机部副部长、航天工业部科技委主任、航空航天部总工程师。他是航空航天部高级技术顾问、中国宇航学会理事长、第五届和第六届全国人大常委会委员。1960年他加入中国共产党，1980年当选为中国科学院技术科学部学部委员。作为新中国第一代航天专家，他集中国新一代液体运载火箭、中国第一代通信卫星、中国第一代气象卫星工程的总设计师于一身。在第一代通信卫星——中国试验通信卫星工程中他担任总设计师和技术总指挥，被航天人亲切地称为"总总师"。

1952～1956年，任新民在哈军工任教期间，先后担任军事工程学院筹备委员会委员、教务处副处长、火箭武器教授会主任、炮兵工程系副主任等职。

1955年11月25日，著名科学家钱学森访问哈军工，在徐立行、张述祖等陪同下，参观了炮兵工程系，与任新民见面会谈。他与任新民谈了"二战时德军Ｖ－２导弹袭击英国，落点散布服从泊松原理的现象"。在炮兵工程系 208 实验室,任新民陪同钱学森看了固体火箭试车。钱学森请实验室主任王德佩将 P－t 曲线打出来给他看。他说:"不容易! 你们的研究已有相当的深度,尽管条件有限,毕竟已干起来了。能迈出这一步,实在出乎我的意料。"钱学森对徐立行说:"任教授是你们的火箭专家,我今天有幸认识了他。"徐立行说:"任教授前几天刚与周曼殊、金家骏一起向国防部提出研制火箭的建议。"钱学森握住任新民的手说:"我们一见如故,希望不久再见面,深入探讨一些问题。"

当天,陈赓乘飞机赶回哈尔滨,晚上宴请钱学森。陈赓对钱学森说:"钱先生,您看,我们能不能自己研制出火箭来?"钱学森说:"为什么不能? 外国人能造出来的,我们中国就不能造出来? 难道中国人比外国人矮一截不成?"陈赓和钱学森商量了军事工程学院与中国科学院合作的问题。钱学森说:"将来中国的军事科学的专门技术人才,主要靠军事工程学院输送了。"

谈话中所称"向国防部提出研制火箭的建议"是指,任新民和金家骏、周曼殊 3 位教员于 1955 年上半年完成了《对我国研制火箭武器和发展火箭技术的建议》的论证报告。1956 年 1 月,陈赓将该建议书递交国防部时任部长彭德怀。彭德怀很重视,阅毕当即批给黄克诚和万毅。根据批示,总参装备计划部时任部长万毅亲自去征询钱学森的意见。1 月 20 日,彭德怀主持中央军委会议,讨论万毅提出的《关于研究与制造火箭武器的报告》,决定立即向中共中央提出研制导弹的建议报告。同年2月，钱学森向国务院提交《建立我国国防航空工业的意见》（当时为了保密，把火箭、导弹这些敏感的名词一律用"航空工业"来代表）；4月13日，国务院成立了以聂荣臻元帅为主任的航空工业委员会；5月10日，聂荣臻提出《关于建立中国导弹研究工作的初步意见》，其中，决定建立以钱学森为院长的导弹研究院，对外称国防部第五研究院，于10月8日隆重举行成立大会。为此，任新民调入国防部第五研究院，并被钱学森"钦点"担任总体研究室主任、设计部主任等职。当任新民到第五研究院报到时，院里只有两个人。这就是中国"两弹一星"传奇的起点。

任新民长期以来一直关心学校建设与发展。1984年11月23日，任新民教授被华东工学院聘为名誉教授。

任新民院士塑像落成仪式

2005 年 9 月 27 日，学校为任新民院士举办 90 岁华诞祝寿会。任新民院士的十多位老同事、老学生专程从北京、西安、石家庄等地赶来参加。祝寿会上，学校向任新民院士颁发了"杰出校友"证书，这是学校颁发的第一本"杰出校友"证书。任新民院士的塑像也于当天在校园内正式落成，任新民院士亲手为塑像揭幕。2013 年，学校校史展览馆重新布展，任新民院士亲笔题写馆名。目前，校史展览馆设有任新民院士专题展厅。

陆　埮

陆埮，中国科学院院士，天体物理学家，1932 年生于江苏常熟，1957 年毕业于北京大学物理系。他先后在中国科学院原子能研究所、哈尔滨军事工程学院、长春防化学院、南京电讯仪器厂工作。1978 年他调入南京大学天文系，任教授、博士生导师，连续当选为第五届至第七届全国人大代表。2003 年他调入中国科学院紫金山天文台，同年 11 月当选为中国科学院院士。他长期从事高能天体物理科研和教学工作，任中国天文学会理事和该学会高能天体物理专业委员会主任及国际天文联合会会员。2004 年起他任中国物理学会引力与相对论天体物理分会主任，2006 年年初兼任南京大学与紫金山

陆　埮

天文台共建的粒子—核—宇宙学联合研究中心主任。他与学生在伽玛暴余辉刚发现不久就研究了其星风环境和致密介质环境，有力地支持了伽玛暴起源于大质量恒星塌缩的观点；他还提出了伽玛暴余辉动力学演化的统一模型，可描述从早期极端相对论到晚期非相对论阶段的整个演化过程。

1958～1960 年陆埮曾在哈军工二系（炮兵工程系）任教。近年来，他多次来南理工交流座谈。2008 年 3 月 8 日，陆埮院士在学校接受广东电视台专访，发表自己对于创新型人才培养的心得、感言，在谈到学生培养时，特别强调要"首战必胜"。他解释说，在指导学生作科研写论文时，要特别注意第一篇论文的成功，这样可以给他们信心，更好地走今后的科研之路。2011 年 3 月 16 日，是哈军工创建者、首任院长兼政治委员陈赓大将逝世 50 周年纪念日。3 月 3 日，学校以"弘扬光荣传统，创造辉煌未来"为主题举办了纪念陈赓大将创建哈军工的座谈会，陆埮院士作为校友代表应邀出席，与学校哈军工时期老同志金家骏、朱逸农、邱凤昌、范家璇、屈大壮、徐金铺、单益义、陈舒林、曲作家等一起座谈，深切缅怀陈赓大将创建哈军工的丰功伟绩。2014 年 12 月，陆埮院士病逝。

李鸿志

李鸿志，北京市人，1937 年 5 月出生，1961 年毕业于炮兵工程学院，教授、博士生导师，1994 年被遴选为中国工程院院士。1988～2000 年，他任南京理工大学校长。

1961 年以来，李鸿志一直从事国防科学研究及教学工作，其主要研究领域是气体动力学及相关学科——弹道学、高速发射技术及工业爆破灾害力学等。其曾担任的主要社会职务有：国务院学位委员会兵器科学与技术评议组召集人、国家教委国防科学技术委员会委员、全国弹道学专业教学指导委员会主任委员、中国兵工学会常务理事、弹道学会理事长、全国博士后管委会第三届学科专家组成员、江苏省发明协会理事、江苏省第八届人大常务委员等。

李鸿志

李鸿志院士首次提出中间弹道学的概念，在瞬态力学研究和瞬态物理现象实验领域做出了突出贡献，并开展了广泛的国际合作，得到国际学术界的公认。他主持研制成功 7 项瞬态测试技术设备，均达到国际或国内先进水平。其中，他设计的大型高压激波管及其测试系统，是目前国内同类激波管中规模较大的一个。他主持创建了高压激波管实验室，多次承担自然科学基金、国家教委基金研究项目，并与德国亚琛理工大学共同承担德国大众基金项目，联合培养博士生。1988 年，他与美国著名弹道专家联合发起，首次在中国召开了"国际弹道学学术会议"，并担任会议主席，中国自此成为国际弹道会议成员国，推动了中国弹道学的国际交流。他主持创建的国防科技重点实验室，成为国内瞬态流场测试技术研究和实验的主要基地，已为中国 10 余项国防科研提供了重要的实验结果。在此基础上，1991年，他又创建了弹道国防科技重点实验室，被任命为该室主任。截至2015年1月，他共承担了24项部省级以上科研项目，并已取得17项系统的科研成果，获得国家科技奖4项、部（省）级科技奖15项以及"兵器工业功勋奖""光华科技基金特等奖""何梁何利科学与技术进步奖"。他先后荣获"国家有突出贡献中青年专家""全国优秀教育工作者""江苏省先进工作者""南京市劳动模范"等荣誉称号，享受国务院政府特殊津贴。他共发表论文、报告100多篇，出版教材、专著5本。1988~2000年他担任南京理工大学校长，坚持"抓住机遇，深化改革，对外开拓，加速发展"的指导思想，在学校规模、学科建设、科技水平与教学质量方面取得了明显成效，完成了"211工程"国家立项和建设工作，为建成国内一流的多科性理工大学奠定了基础。

王兴治

王兴治

王兴治，1935年9月出生，辽宁省辽阳市人，飞行器总体设计专家，著名反坦克导弹专家。他毕业于哈尔滨军事工程学院，曾任中国兵器工业第二〇三研究所所长、中国兵工学会理事、陕西兵工学会副理事长、中国兵工学会火箭导弹分会主任委员、兵器工业总公司飞行器专业教学指导委员会副主任。1995 年他当选为中国工程院院士。

2000 年后，他任西安市科协副主席、西北工业大学教授和博士生导师、中国兵工学会常务理事。20 世纪 60 年代他参加我国第一代反坦克导弹研制工作，80 年代参加红箭－8 导弹研制工作，任总设计师，90 年代承担国家某重点工程项目，任总设计师。王兴治在国内外享有良好的声誉，曾获得过多项奖励。1978 年他获全国科学大会奖；1986 年获部级科技进步特等奖；1987 年获国家科技进步特等奖；1988 年获国家"中

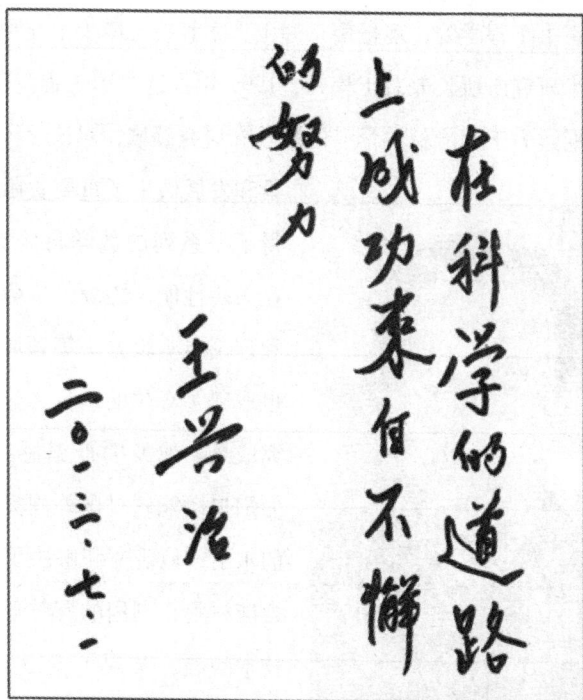

在科学的道路上成功来自不懈的努力

王兴治

二〇一三·七·一

王兴治院士寄语当代大学生

青年有突出贡献专家"称号；1990 年获国务院政府特殊津贴；1996 年获部级科技进步二等奖；1998 年获"中国工程科学技术奖"；1999 年陕西省人民政府、国防科工委分别为他参加"9910 工程"荣记一等功；2004 年国务院授予他"全国劳动模范"称号；2001 年他获"何梁何利基金科学与技术进步奖"；2003 年获国防科学技术一等奖；2004 年获国家科学技术进步二等奖。

王泽山

王泽山，吉林省吉林市人，1935 年出生，1960 年毕业于哈尔滨军事工程学院，现任南京理工大学教授、博士生导师、装药技术研究所所长兼总工程师，1999 年当选中国工程院院士。他长期致力于含能材料学科的教学和研究领域，对该学科的建设和发展做出了重要贡献，取得了一系列的教学科研成果。在火药性能、燃烧、装药设计和理论与实验方法等领域，他也取得了卓越的理论和应用研究成果。他发明低温感技术，使炮口动能超过国外同类装备的水平；他研究和解决了废弃含能材料再利用的有关理论和技术问题，实现了变废为宝，降低了公害，取得了显著的社会效益和经济效益。

王泽山

　　1996 年王泽山获国家技术发明一等奖、1993 年获国家技术进步一等奖、1998 年获国家发明三等奖、1994 年获光华科技基金特等奖、1997 年获何梁何利科学与技术进步奖、2001 年获国家级教学成果奖二等奖和江苏省高等教育教学成果特等奖。他先后获国防专利 25 件，出版了《废弃火炸药处理与再利用》、《火药装药设计原理》、《火炸药科学技术》和《含能材料概论》等 15 部专著。他发表论文 100 多篇，培养研究生 100 多名，获江苏省优秀研究生导师称号。2009 年，他荣获江苏省"新中国成立以来十大杰出科技人物"荣誉称号。

学说真话，学做真人；
志存高远，立业成才；
求学笃行，求是真理；
务本维新，创造未来。

望学子们在未来的生活学习中：做一个诚实守信的人，做一个胸怀梦想的人，做一个有创新意识的人，做一个懂得终生学习的人。

王泽山

王泽山院士寄语当代大学生

作为我国火药装药技术领域的学科带头人和著名的火药专家，王泽山院士始终忠诚于党的教育事业，无私奉献，潜心科研，孜孜育人。选择国防军工事业的道路，就意味着奉献和牺牲，但他无怨无悔，一干就是40多个年头。他需要到条件恶劣的野外实验基地做大量实验，但他从不畏艰苦，身先士卒，每次都亲临实验场，同年轻人一道跋山涉水，餐风饮露。他尽管年事已高，但每年仍有大量时间在外地实验基地度过。

王泽山院士治学态度严谨，在科学研究工作中对自己和所指导的研究生都严格要求，讲求团结协作、求是创新。无论是在家、研究所、实验室、还是在飞机、火车上，他都抓紧点滴时间。出差在外，随身不离的是他的便携式计算机，他经常一边啃着面包，一边用计算机进行科学研究。作为我国装药技术界著名专家，他从不居功自傲，注重团结协作，合作攻关。他亲身倡导组建了全国有关研究单位和有关专业，形成了我国装药技术系统协同的研究格局。

潘德炉

潘德炉，1945年12月出生，著名海洋遥感专家，中国工程院院士。他长期从事海洋遥感研究，是我国海洋水色遥感科学和遥感模拟仿真科学的奠基人之一。他是《海洋学报》主编、中国海洋学会副理事长、国际海洋水色遥感专家组成员，在国际海洋水色遥感界享有很高知名度。

1968年12月潘德炉毕业于华东工程学院兵器物理专业，1985～1987年在加拿大海洋科学研究所进修海洋遥感，1990年5月～1992年11月在德国GKSS研究中心从事海洋水色遥感合作研究并担任首席科学家，1992 年任国家海洋局第二海洋研究所研究员，1998 年任博士生导师。

潘德炉

潘德炉院士从 20 世纪 70 年代末以来一直从事海洋遥感研究，在水色荧光遥感机理研究、水色遥感反演模式研究、水色遥感大气校正技术研究、水色遥感应用技术研究、遥感卫星应用效果模拟仿真理论、模拟仿真系统的建立及其应用等 6 个方面都有创造性的成就和突出贡献，为建立和发展我国海洋水色遥感科学和遥感模拟仿真科学的研究起到了奠基和关键作用。

作为第一负责人，潘德炉完成了国家"九五"攻关、国家"863"计划、国家自然科学基金、国家航天工程、国家卫星重点应用和国际合作等遥感项目共 15 项。2003 年他获国家科技进步特等奖，2002 年获国际光学工程学会科学成就奖，获省部级科技进步一等奖 2 次、二等奖 3 次、三等奖 2 次，获海洋二所科技进步一等奖 6 次。

1994 年他被授予"国家级有突出贡献的专家"称号，1997 年起享受国务院特殊津贴，2000 年获国家科技部"863"项目重要贡献奖。2001 年他当选为中国工程院农业、轻纺与环境工程学部院士，先后荣获国家海洋局优秀共产党员、浙江省优秀共产党员等荣誉称号。

2003 年 9 月 20 日，潘德炉院士作为校友代表在"南京理工大学建校 50 周年庆祝大会"上发言。在发言中，他以一名军校学员的身份（其为炮兵工程学院 1964 级学员）向母校 50 华诞致敬，赢得了全场嘉宾校友和广大师生的热烈掌声。

卢 柯

卢柯，汉族，生于 1965 年 5 月，十二届全国政协常委，九三学社第十三届中央委员会副主席、常委。他原籍河南汲县，生于甘肃华池。作为工学博士、著名材料科学专家、中国科学院院士、德国科学院院士，他曾任中国科学院金属研究所所长、研究员，主要从事金属纳米材料及亚稳材料等领域的研究。他获国家专利 6 项、国际专利 1 项，在国际重要学术刊物上发表论文 150 余篇，多次在国际会议上作特邀报告。

卢 柯

卢柯曾说："我非常有幸，从事了这个全世界都关注的研究领域。"1985 年，卢柯从华东工学院本科毕业，来到中科院金属研究所攻读硕士学位。卢柯在华东工学院主修的是机械制造工程系金属材料及热处理专业，他最喜欢的课程是《金属学》与《金属材料的热处理》。从那时开始，他便跟金属结下了不解之缘。

1988 年，卢柯放弃去日本读博士的机会，留在中科院当起了"土博士"。这期间，他在国际学术刊物上发表了十几篇论文，修正了被引用 10 年的英国科学家斯考特等人确定的 Ni–P 非晶合金晶化产物间的位向关系，并提出非晶态金属的新的晶化机制，因此于 1989 年荣获首届"中国科学院院长奖学金特别奖"。

1990 年，刚刚博士毕业的卢柯在美国的《J. Appl. Phys》（《应用物理学杂志》）及《Scripta Materialia》（《材料快报》）杂志上发表论文，提出了制备纳米晶体的一种新方法——非晶完全晶化法。该方法具有工艺简单、晶粒度易于控制、界面清洁且不含微孔洞等优点。

1993 年，28 岁的卢柯被聘为中科院研究员，成为当时中国材料界最年轻的高级科技人才。1994 年，国际学术刊物《Mater. Sci. Eng. Reports》邀请卢柯撰写关于非晶完全晶化法的专题综述，该制备方法在国际纳米材料界得到同行的广泛认可，成为当今国际纳米材料的 3 种主要制备方法之一。该制备方法的确定，使我国的纳米晶体研究领域进入国际先进行列。

1995 年，刚 30 岁的卢柯即成为博士生导师，获得香港求是基金会"青年学者奖"。

1996 年，卢柯获中国青年科学家奖。

1998 年，国际亚稳及纳米材料年会（ISMANAM）授予他 ISMANAM 金质奖章及青年科学家奖，以表彰他对这一新兴领域的杰出贡献。

1999 年，卢柯获何梁何利科学技术奖。同年，卢柯当选为国际纳米材料委员会委员，成为该委员会中唯一的中国籍委员。

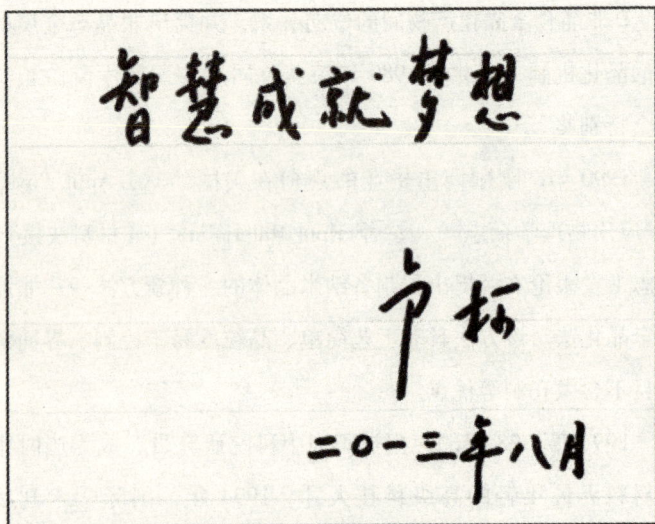

智慧成就梦想

卢柯

二〇一三年八月

卢柯院士寄语当代大学生

2000 年，卢柯在极具影响力的《科学》杂志上发表了第一篇论文。这篇论文受到了世界同行的高度好评。纳米材料"鼻祖"格莱特教授认为，卢柯课题组发现了纳米金属铜在室温下具有超塑延展性而没有加工硬化效应，延伸率高达 5100%，是"本领域的一次突破，它第一次向人们展示了无空隙纳米材料是如何变形的"。

2001 年卢柯获"中国青年五四奖章"，他领导的研究小组所取得的成果，即"发现了纳米金属铜在室温下的超塑延展性"，被评为当年中国十大科技进展第一位。同年，卢柯被中国科学院任命为金属研究所所长。

2003年11月，年仅38岁的卢柯被增选为中科院院士，特别值得一提的是，卢柯完全是由中国自己培养出来的。同年，《科学》又发表了卢柯等人的一项新的科研成果：将铁表层的晶粒细化到纳米尺度，其氮化温度显著降低。这项成果为氮化处理更多种材料和器件提供了可能，被评为2003年中国十大科技进展之一。

2004年4月16日，《科学》杂志发表了卢柯课题组的最新成果。《科学》杂志的评审人认为，这是一个十分重要的突破，是其他任何强化技术无法达到的。它"再次用极为漂亮的实验结果演示，通过在纳米尺度上的结构设计可以从本质上优化材料的性能和功用"。《自然》杂志的评价是一个疑问句——"在一个被认为不可能的事情里怎么还会做出东西来?"同年，卢柯院士当选2003年中国青年年度科学家。

2013年11月，国家首批"万人计划"①公布，卢柯院士成功入围杰出人才（第一层次，首批共6名）。

卢柯在谈到自己与伙伴们能取得一定工作成绩的原因时说，他们是站在前人的肩膀上的。同时，他十分感谢南理工的老师把他引入门，又将他送进了中科院金属所这么一个确实能让人

---

① "万人计划"是指国家高层次人才特殊支持计划，其目标是利用10年时间遴选、支持1万名左右能够代表国家一流水平、具有领军才能和团队组织能力的高层次人才。该计划分三个层次七类人才，第一层次共100名，为具有冲击诺贝尔奖、成长为世界级科学家潜力的杰出人才。

卢柯院士作为校友代表在校庆 60 周年庆祝大会上发言

发挥作用的环境。他说："这个学校就是我学会读书的地方。"或许正是因为如此,卢柯无论取得什么样的成就,都没有忘记母校。这些年,他仍然经常回母校,看望自己的恩师,或者做学术报告,同自己的学弟与学妹们座谈,还担任了母校的兼职教授与博士生导师。2013 年 9 月,卢柯院士受聘为南京理工大学格莱特纳米科技研究所 PI(即 Principal Investigator,主要研究者)。

刘怡昕

刘怡昕,1941 年 3 月生,1959 年入哈尔滨军事工程学院炮兵工程系学习,1964 年毕业,教授、博士生导师。2003 年他当选为中国工程院院士,曾任总装备部科技委兼职委员、中国兵工学会理事、中国军事科学学会理事等。他是国家有突出贡献的专家、全国优秀科技工作者、全国优秀教师、中共十四大代表,获政府特殊津贴,获全军专业技术重大贡献奖和育才金奖，荣立二等功 4 次、三等功 4 次。1996 年，时任中央军委主席江泽民签署命令，授予刘怡昕专业技术少将军衔，他成为全军初级指挥院校第一位将军教员。

刘怡昕

刘怡昕院士作为武器系统与运用工程领域专家，长期从事国防科研和教学工作，在精确制导武器运用、模拟训练系统和检测器材研制、提高武器作战效能、人才培养等方面均取得了丰硕成果。特别是在武器运用与研制相结合方面他做了大量开拓性工作，先后获国家级科技进步二等奖和国家级教学成果二等奖等 4 项，获部队和军队级一等奖 8 项、二等奖 8 项、主编教材 12 部，出版专著 16 部，发表学术论文 260 余篇。

作为一名将军教员，刘怡昕院士常说："我面对的学生，不是书生是指挥员。培养高素质军事人才，检验标准在未来战场；军校教官就是为'打得赢'练官训将的教练员。"《解放军报》曾以《"将军教官"刘怡昕纪事》为题，生动报道了刘怡昕院士潜心教学和科研的感人事迹。

2000 年 9 月 8 日，教育部、总参谋部、总政治部在京联合举行将军教授刘怡昕先进事迹报告会。时任中央军委委员、总参谋长傅全有出席报告会并讲话。时任副总参谋长张黎、驻京部队、武警部队官兵和总参部分优秀教员代表共 1000 多人参加了报告会。报告会上，刘怡昕以《献身三尺讲台 铸造明天的栋梁》为题介绍了自己多年来教书育人的做法与体会。傅全有称赞刘怡昕是新时期军校教员的楷模、教书育人的典范、科技强军的尖兵，号召全军官兵向他学习。

邢球痕

邢球痕，固体火箭发动机专家，1930 年生于浙江嵊州，1957 年毕业于中国人民解放军军事工程学院，2003 年当选为中国科学院院士。他历任航天工业部第四研究院所长和院长、中国宇航学会第二届理事，现任中国航天科技集团第四研究院研究员。他主要从事固体火箭发动机技术研究，已取得的成就包括：在发动机总体设计研究中，提出了总体优化设计方法及预研成果集成演示技术；在固体火箭发动机重大关键技术攻关中，提出了两种推力向量控制喷管的结构方案、主要参数的计算和试验方法、消除燃烧室初始压强峰的途径。他提出的装药燃烧室人工脱粘和其他防脱粘技术、超高强度钢应用中低应力爆破技术、新型高温耐烧蚀材料应用及结构设计、深潜入全轴摆动喷管

邢球痕

技术等已在多种型号发动机中成功应用。他主持研制的多种战略、战术导弹固体发动机已成功定型，使我国固体推进技术水平有了很大提高。

1949年，19岁的邢球痕从浙江省宁波高级工业职业学校毕业后参军，进入解放军三野特种纵队特科学校学习。1953年，他以优异的成绩，考入哈军工炮兵工程系固体火箭武器专业，寒窗数载后，被分配到国防部五院一分院火箭发动机研究室工作，从此，他的一生与"固体事业"结下了不解之缘。2005年9月，邢球痕院士受聘成为学校名誉教授。

崔向群

崔向群，中国科学院国家天文台南京天文光学技术研究所研究员，中国科学院院士，第三世界科学院院士。1951年12月她生于重庆市万州，1975年毕业于南京理工大学光学仪器专业，1982年、1995年先后获中国科学院紫金山天文台硕士、博士学位，任国际天文学会（IAU）光学红外技术分会（Division IX）组委、中国天文学会副理事长、中国南极天文中心副主任、江苏激光与工程光学学会理事。她曾先后获得国家科技进步二等奖、江苏省科技进步一等奖，被评为全国杰出专业技术人才、中国科学

崔向群

院第三届十大杰出妇女、中科院有突出贡献的中青年专家，获国务院政府特殊津贴。

崔向群院士主学科研究方向为天文望远镜与仪器、主动光学技术、大口径非球面光学镜面技术。她研制成功当时世界上新型的最大口径的大视场和光谱获取率最高的大天区面积多目标光纤光谱望远镜（LAMOST，又称郭守敬望远镜），为中国在大样本天文学特别是宇宙大尺度结构、暗能量探索和银河系形成演化研究走到国际前沿创建了平台。她在国际上首次提出薄变形镜面和拼接镜面相结合的主动光学方法，成功实现了六角形变形子镜和在一个光学系统中同时采用两块大口径的拼接镜面，使主动光学发展到新的水平，不仅使LAMOST这种非传统光学系统成功实现，将中国望远镜研制水平推进到国际前沿，还为中国研制未来极大望远镜奠定了基础。

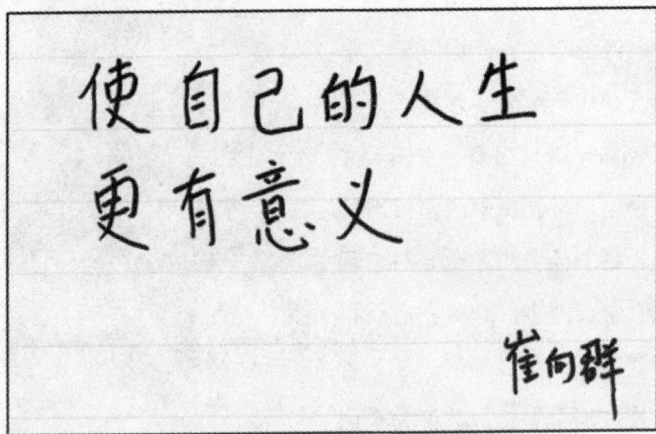

崔向群院士寄语当代大学生

陈志杰

陈志杰，1963 年出生，广东梅县石扇镇巴庄村人，1986年考入南理工通信与电子系统专业攻读硕士学位，现任空军装备研究院某研究所所长、高级工程师，为专业技术少将军衔、一等功臣。他是全国空管技术专家总体组组长、中国人民解放军空中交通管制专业学术带头人、国务院与中央军委空中交通管制委员会办公室特

陈志杰

聘总体专家。2011 年 12 月，他当选中国工程院院士。

陈志杰长期从事空中交通管制技术研究与工程实践，是国内该领域的主要开拓者和学术带头人之一，在自动化空管模式和概念的建立、空中交通管制自动化系统和新一代空管系统技术研究开发与应用、战场空域协同控制等方面做了大量开拓性和基础性工作，为我国、我军自动化空中交通管理体系的建立和发展做出了重大贡献。他荣立一等功 1 次、二等功 2 次、三等功 3 次；获国家科技进步一等奖 1 项、二等奖 1 项，军队科技进步一等奖 3 项、二等奖 5 项；他是政府特殊津贴享受者和中国科协"求是杰出青年实用工程奖""何梁何利"科技进步奖、空军专业技术重大贡献奖获得者，被评为"全军爱军精武标兵"。

田 禾

田禾，江苏常熟人，1962年7月生于新疆乌鲁木齐，1982年本科毕业于华东工程学院，1989年1月在华东理工大学获精细化工博士学位，之后留校。他先后两次获德国洪堡基金会资助，于1991年10月至1993年7月在德国锡根大学化学系从事博士后研究工作，并于2000年7月至10月在德国马普高分子研究所进行工作访问。2001年7月至9月，他在美国斯克利普斯研究所（The Scripps Research Institute，TSRI）开展合作研究。他现任国际学术刊物《Dyes and Pigments》（《染料与颜料》）主编、教育部科学技术委员会化学化工学部副主任等。1996年他获得国家杰出青年基金，1999年被聘为教育部长江学者特聘教授，2011年12月当选为中国科学院院士。2013年10月，他当选为发展中国家科学院院士。

田禾教授曾获得2000年度国家科技进步二等奖、2002年度上海市科技进步二等奖（发明类）、2006年上海市自然科学一等奖、2007年国家自然科学二等奖，被授予全国优秀教师（1998）、全国优秀留学回国人员（2003）、新世纪首批百千万人才工程国家级人选、全国五一劳动奖章等荣誉称号。

心智双清.

田致谢京理工学六十周年校庆
之际与年轻学子共勉.

田禾
2013. 8. 18

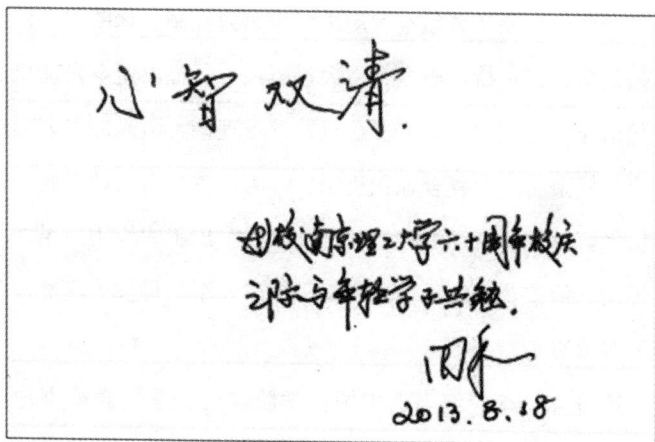

田禾院士寄语当代大学生

李应红

李应红，1963 年 1 月 5 日出生于重庆市奉节县，籍贯重庆
奉节，航空推进理论与工程专家，空军工程大学教授、博士生
导师，专业技术二级，专业技术少将军衔，享受政府特殊津贴。1983 年他毕业于空军工程学院航空机械工程系，1989 年在华东工学院获硕士学位。他现任航空等离子体动力学国家级重点实验室主任，2002 年被选为中国共产党第十六次全国代表大会代表，2013 年当选中国科学院院士。

李应红

李应红长期从事航空发动机气动热力控制、诊断与部件表面强化研究，主持突破多个重大科研项目，提出航空发动机高原起动建模与控制方法，覆盖机器学习理论、激光冲击表面纳米化与残余压应力复合强化机制、等离子体冲击流动控制理论与压气机近失速流动测控方法，并取得突出工程应用效果，立一等功。他曾获国家科技进步奖一等奖、军队科技进步奖一等奖等多项奖励。

2013年，李应红当选中国科学院院士。学校党委书记尹群和时任校长王晓锋联名致信李应红校友，代表母校全体师生员工和海内外校友向其表示祝贺，李应红校友回复："衷心感谢母校的培育，感谢老师和领导们的教育、指导和关心。我在南理工学习时间不长，但收益很多。师恩永不忘。祝南理工更上一层楼，越办越好！"

其他院士

此外，目前或曾经在学校工作的院士还有：

苏哲子，中国工程院院士，著名火炮武器系统专家。

陈国良，中国工程院院士，著名金属材料专家。

杨绍卿，中国工程院院士，外弹道学与灵巧（智能）弹药武器系统工程技术专家。

杨秀敏，中国工程院院士，著名防护工程专家。

赫伯特·格莱特（Herbert Gleiter），德国科学院院士、美国艺术与科学研究院院士、美国工程院工程院院士、欧洲科学院院士、印度科学院院士、印度工程院院士，世界著名纳米科技专家。他于 1980 年首次提出纳米晶固体的构想，开创了纳米材料研究的方向，引发并推进了纳米科技的发展。

哈罗德·富克斯（Harald Fuchs），德国科学院院士、德国工程院院士、第三世界科学院院士，著名纳米科技专家。

霍斯特·哈恩（Horst Hahn），德国科学院院士、欧洲科学院院士，著名纳米科技专家。

3 兵工师魂

祝榆生

祝榆生（1918～2014），重庆人，1938 年入延安抗大学习。1938 年 1 月，参加八路军，同年 10 月加入中国共产党。

他先后参加过郯城、赣榆、临沂、滨北、枣庄等 30 多次战役战斗，多次立功受奖。他在抗日战争和解放战争中研制成功地雷、反坦克手雷及多种攻坚战斗器材，创造了坑道定距爆破法。

1950 年 9 月，祝榆生出席中华人民共和国全国战斗英雄代表会议。1952 年后，他历任解放军高级步兵学校部长、炮兵工程学院副院长、华

祝榆生

东工程学院副院长、第五机械工业部科学研究院副院长、兵器工业部科技委员会副主任兼秘书长、中国兵工学会第十届理事、中国系统工程学会第一届理事和军事系统工程委员会第一届和第二届副主任委员、中国空气动力学研究会第一届副会长。1955年5月他被授予二级独立自由勋章和二级解放勋章。

1959年祝榆生进入哈军工炮兵工程系（二系）任副主任。1960年二系从哈军工分出成立中国人民解放军炮兵工程学院后，他担任教育长、副院长等职务，主要分管教学科研工作，1975年调五机部兵器科学研究院任副院长，主管科研。

1984年1月，祝榆生被国防科工委任命为新型主战坦克总设计师，为新型坦克的研制工作作出了卓越贡献。80年代中期，兵器工业总公司承担ZTZ99式主战坦克（通称三代主战坦克）的研制和生产任务，当时已66岁的祝榆生被任命为总设计师，他退休后仍继续承担总设计师的职责，一直到定型、生产。

1999年10月1日，在中华人民共和国成立50周年国庆阅兵式上，我国自行研制、首次公开露面的ZTZ99式三代主战坦克气势恢宏地驶过天安门广场，接受了党和国家领导人以及全国人民的检阅，让海内外炎黄子孙感到振奋和骄傲。

2005年，祝榆生被授予"兵器工业科技发展终身成就奖"称号。

沈正功

沈正功（1910～1995），辽宁辽阳人，机械工程和火炸药专家，教授。

沈正功

沈正功出身书香门第，其曾祖父沈芝是晚清著名学者、诗人、教育家，叔祖父沈鸣诗是晚清举人、诗人、教育家。1933 年沈正功毕业于河北工业学院机械系，同年留学日本东京工业大学。1937 年 8 月他进入兵工学校大学部造兵系第五期（1937～1941）学习，曾参与"中正式"步枪研制工作。1944 年他留学美国普渡大学研究生院，1947 年获机械工程硕士学位回国，先后任教于东北大学、上海军工大学、焦作工学院、华东军区军事科学研究室。

1952 年 6 月，沈正功同华东军区应选的 5 名科研人员一起被调到北京，参加哈尔滨军事工程学院筹建工作。1953 年 9 月，哈军工正式开学。1954 年，沈正功任哈军工炮兵工程系火炮设计教研室主任。1960 年，哈军工炮兵工程系扩建为炮兵工程学院。他在这所高等学府工作了 30 年，先后任训练部副部长、基础课部部长、教务长等，后担任华东工程学院副院长。

1977 年以后，各大专院校招收研究生，国务院成立学位委员会。沈正功被任命为第一届武器学科评议组成员，负责审议所申报的对应专业的学士、硕士、博士学位的授予事宜。他曾当选为第三届全国人大代表和第五届全国政协委员，著有《机械制图》等。

肖学忠

肖学忠

肖学忠（1914～2008），浙江温岭人，我国著名的火炸药学者，曾任中国兵工学会理事、火炸药学会副主任，中国民爆学会副主任，江苏化学化工学会副理事长，江苏省第四届和第五届政协委员，《民爆器材》杂志主编。他是南京理工大学化工学院教授、博士生导师，是南理工及化工学院的创始人之一。

肖学忠早年毕业于山东大学化学系、兵工大学应化系，1945～1946年在美国密执安大学研究生院学习并获硕士学位。他于1947年年初回国，先后任中央工业试验所工程师兼中工油漆厂工程师、副厂长。新中国成立后，他任上海益民油漆厂副厂长兼工程师、开林油漆厂副厂长兼工程师、华东工业部化工局工程师。1952～1960年他在哈军工工作，先后任化学实验室主任、205教授会主任、教授。1960～1966年他任炮兵工程学院三系副主任，被授予上校军衔。随后他任华东工程学院三系副主任、华东工学院三系主任等职务，同时任教授、博士生导师。1980年7月他加入中国共产党。

于道文

于道文（1915～2004），山东安丘人，我国自动武器学科的主要创始人之一，著名教授与专家。

1936 年于道文毕业于北平中法大学物理系，同年赴法留学，就读于法国里昂大学、法国巴黎中央工艺制造学院，先后获得理学硕士与工艺制造工程师国家证书。

于道文（中）

新中国成立后，于道文长期从事自动武器的研究与教学工作。1949 年他任北京工业学院（现北京理工大学）教授，1961 年调往太原机械学院（现中北大学）任教授。1971 年 7 月，他在华东工程学院（现南京理工大学）任教授、系主任，1981 年经国务院批准成为首批博士生导师。他是中国兵工学会轻武器学会副主任委员，1985 年加入中国共产党，曾当选为第六届全国人大代表，主编有《步兵自动武器及弹药设计手册》。

鲍廷钰

鲍廷钰（1918~1998），江苏建湖人，内弹道学专家，教授。1940 年他入重庆兵工大学应用化学系学习，1945 年毕业后留任兵工大学助教，主攻内弹道学研究，先后为陆军大学教官、华东军事科学研究室副研究员。

中华人民共和国成立后，鲍廷钰潜心于内弹道学理论研

鲍廷钰

究与实践，提出"内弹道势平衡理论"，完成《内弹道势平衡理论的解法》一文，突破了百年来沿用法国人维来"几何燃烧定律"的禁区，解决了国内外悬而未决的火药在膛内实际燃烧规律的难题，为世界弹道学发展做出了贡献。这一理论被载入《军事科学大百科全书》。

1953年后，他历任哈尔滨军事工程学院、炮兵工程学院、华东工学院研究室主任、系主任、博士生导师、弹道研究所所长、国务院学位委员会学科评议组成员、第一届和第二届兵工学会弹道学会主任委员等职。其论著有《特种武器内弹道学》《不同形状火药内弹道表》和《内弹道势平衡理论及其应用》等。1978年，他获江苏省科技大会奖，1985年，获国家科学技术进步奖。

浦 发

浦发（1917~2003），江苏金坛人，外弹道专家，教授，1964年晋升为中校军衔，1984年加入中国共产党。

浦 发

1953年浦发参与组建哈尔滨军事工程学院并任教授会副主任，后任职于炮兵工程学院、华东工程学院、华东工学院，还曾担任弹道研究所副所长。他任中国力学学会第二届理事、中国兵工学会理事、弹道学会主任委员，兼任江苏省航空学会理事。

他长期从事外弹道学的教学和研究工作，发现了低阻炸弹的阻力定律，编出了用于投弹的通用弹道表并提出有关轰炸技术，提出了弹道气功一体的弹丸优化设计方法；发明了性能特优的整体脱壳穿甲弹，首创空用脱壳穿甲弹，多次获得国家科技进步奖。他还著有《外弹道学》《火箭外弹道学》等。

2002 年，浦发教授生病之时，预感自己将不久于人世，抢在自己去世前一个星期将资料整理好交给了学校，为国防科技留下了宝贵的科研资料。为纪念开创了中国的弹道事业、毕生致力于我国国防事业研究并在弹道学科的建设与发展中做出重大贡献的三位先驱——张述祖、鲍廷钰、浦发，旅居美国的中国兵工校友魏民教授于 2004 年发起并出资设立"中国弹道先驱者纪念奖学金"，用于奖励南京理工大学能源与动力工程学院有志于为国防事业的发展而努力学习并且成绩优异的研究生。

张宇健

张宇健（1919～1995），湖南宁乡人，火炸药专家，教授，1983 年加入中国共产党。

张宇健于 1939 年 9 月入兵工学校大学部应用化学系第六期（1939～1944）学习，毕业后在中央化工厂研究室和上海化工厂研究室任助理工程师。新中国成立后，他起初在华东军政大学军事科学研究室工作，1953 年随该室转入中国

张宇健

人民解放军军事工程学院二系火炸药教研室，1960 年又随该教研室转入炮兵工程学院，1962 年被任命为教授，1964 年晋升为中校军衔。1978～1987 年他担任火炸药教研室主任。他是国务院学位委员会第一批博士生导师，先后培养了 8 名硕士生和 3 名博士生。

张宇健长期从事含能材料的研究与教学工作，先后成功研究 K 法制备 RDX 新工艺，创造性地提出非醋酐小分子法制备 HMX 的新工艺理论，获得国家科技进步奖和国家技术发明奖各 1 项。他著有《猛炸药的化学工艺学》《烟火学》等。

许哨子

许哨子（1921～2011），号啸松山人，著名弹药引信专家，祖籍澳门，生于福建诏安。

1944 年许哨子毕业于中山大学机械系，1946 年参加华南游击队东江纵队，1956 年加入中国共产党，曾任胶东兵工总厂研究室研究员。

许哨子

新中国成立后，许哨子历任哈尔滨军事工程学院教授会主任、华东工程学院副教授及系主任、中国兵工学会第一届与第二届理事以及弹药学会、引信学会主任委员。他编有《钟表信管的构造作用和设计原理》，著有《引信构造作用与设计原理及习题集》等。

赵子立

赵子立，1916 年 4 月生，
河南睢县人，中共党员。他毕
业于原兵工学校大学部，历任
哈尔滨军事工程学院筹委会委
员、炮兵工程系火炸药教授会
主任、炮兵工程学院与炮兵技
术学院火药教研室主任、南京
理工大学兼职教授与博士生导
师、全国弹道学会副主任委
员，当选为农安徽省第五届政
协委员，并享受国务院颁发的
政府特殊津贴。

赵子立

1952 年 8 月 22 日，中央批准成立军事工程学院筹备委员
会，赵子立为筹委会成员（共 10 名成员）之一，是哈军工建
院元老之一。

四 甲子足音

南京理工大学建校 60 余年来，始终与时代同步，与国家同行，为"强军兴国"做出了卓越贡献。党代会和校庆是学校办学历程中回顾总结办学经验、描绘发展愿景的重要载体，历次党代会和校庆活动都给学校广大党员和师生、校友留下了深刻印象。

1 携梦前行

自 1960 年哈军工分建以来，至今学校已召开过十一次党员代表大会。每一次代表大会都对前一阶段的工作进行了回顾和总结，对后一阶段的发展提出目标、要求并进行全面部署。历届党代会的基本情况如下。

第一次党代会

第一次党代会于 1961 年 5 月 20~27 日在武昌举行，会议总结了建院以来的各项工作，检查学院对军委扩大会议《关于加强军队政治思想工作的决议》与军委炮兵党委扩大会议《关于执行军委扩大会议〈关于加强军队政治思想工作的决议〉的决议》执行情况。会议提出今后的任务是：高举毛泽东思想的伟大旗帜，继续深入贯彻军委扩大会议的决议，贯彻勤俭建院和边建边教边学的方针，为争取在三四年内把我院基本建成而努力。

会议选举廖成美为第一书记，孔从洲为第二书记，贺振新为副书记，党委常委会由廖成美、孔从洲、贺振新、黄延卿、林胜国、徐宗田、祝榆生、冷新华、曹瑛组成。

第二次党代会

第二次党代会于1964年1月5~11日在南京举行。会议着重检查和总结第一次党代表大会以来的主要工作，认为学院第一次党代会以来，高举毛泽东思想红旗，在勤俭建院和边建边学的思想指导下，各方面建设都取得了显著成绩，提出"把学院建设推向一个新阶段"的工作任务。会议也指了工作中存在的问题，并提出改进意见。

会议选举廖成美为第一书记、孔从洲为第二书记，选举产生了党委常委会，由廖成美、孔从洲、李仲麟、林胜国、徐宗田、祝榆生、齐陶组成。会议选举林胜国为监委书记。

第三次党代会

第三次党代会于1973年5月15~18日举行，会议的主要议题是总结"革委会"和党的核心小组建立以来的工作，并提出了今后一个时期"斗批改"任务。

会议选举齐陶为党委书记、李奋程为副书记，党委常委会组成人员为马振英、王方滋、齐陶、张尔登、吴运福、李奋程、周光照、林连章、徐尚信。

第四次党代会

第四次党代会于 1979 年 12 月 24 日至 1980 年 1 月 3 日举行。会议的主要任务有"贯彻党的十一届三中全会精神，总结学校与林彪、江青反革命集团做斗争的经验教训，讨论今后工作，动员全校人员为提高教学、科研质量，为培养德才兼备的国防工业现代化高级技术人才而奋斗"，明朗同志代表上一届党委作了题为《团结起来，加快我院工作重点转移，为培养又红又专的国防现代化高级人才而奋斗》的工作报告。

中共华东工程学院第四次代表大会

会议选举明朗为党委书记，霍宗岳、李仲麟、杜石生为副书记，党委常委会成员为明朗、霍宗岳、李仲麟、杜石生、林连章、林革、冯缵刚。会议选举霍宗岳为纪委书记。

第五次党代会

第五次党代会于 1984 年 7 月 2 ~ 4 日举行，会议提出今后 7 年总的发展设想是：到 1990 年，要把学校办成一所理、工、管结合，以工为主，具有特色，机、电、光、化、数、理、文、管门类齐全，军民结合、结构合理的高水平的全国重点国防工业院校。

会议选举汪寅宾为党委书记，王德臣、何可人为副书记，党委常委会由王德臣、冯缵刚、何可人、邱凤昌、汪寅宾、邹积芳、周炳秋组成。会议选举何可人为纪委书记。

第六次党代会

此次党代会于 1988 年 6 月 27 ~ 29 日举行，党委工作报告题为《加快和深化改革，为把我院建成适应社会主义建设需要的第一流大学而奋斗》，提出今后 4 年发展的总目标为：发挥军工优势，努力向通用科技领域拓宽，在民用专业的某些方向要创造条件，形成优势；把学院建成以工为主、理工结合、机电光化相互配套、理工文经管相互渗透、结构合理的综合性理工大学，建成教学和科研两个中心的国家重点院校。

会议选举曲作家为党委书记、何可人、周炳秋为副书记；党委常委会由曲作家、何可人、李鸿志、邹积芳、周炳秋、赵忠令、葛锁网组成。会议选举邹积芳为纪委书记。

第七次党代会

第七次党代会于 1992 年 1 月 12 ~ 14 日举行，党委工作报告题为《迎接两个挑战，为在本世纪末把我院建设成为社会主义的一流理工大学而继续奋斗》，提出学院的发展目标是：

到 2000 年，把学院办成宣传和捍卫马列主义、毛泽东思想的坚强阵地，坚持四项基本原则、反对资产阶级自由化、反对和平演变、维护安定团结的坚强堡垒，培养社会主义事业的建设者和接班人的重要园地；办成以工为主，理工结合、军民结合，理、经、文、管等学科配套的社会主义一流理工大学。

会议选举曲作家为党委书记，李国荣、赵忠令为党委副书记，党委常委会组成人员为：曲作家、李国荣、李鸿志、苏志明、邹积芳、周炳秋、赵忠令。会议选举邹积芳为纪委书记。

第八次党代会

第八次党代会于 1997 年 4 月 28～29 日举行，党委工作报告标题为《坚定信心，同心同德，深化改革，开拓进取，为实现学校"九五"建设目标而努力奋斗》，提出"九五"奋斗目标为：到 2000 年，办学体制有新的转变，教育改革取得明显成效，学科专业结构得到进一步优化，科学研究继续保持良好的发展势头，产业开发初步形成规模特色，办学条件明显改善，反映学校整体实力和水平的主要可比指标位居国内理工科院校的先进水平，为在 21 世纪初叶把学校建设成为社会主义一流多科性理工大学奠定坚实的基础。

会议选举徐复铭为党委书记，苏志明、郑亚为副书记，党委常委会由吕春绪、苏志明、李鸿志、杨善志、宋文煜、郑亚、徐复铭组成。会议选举郑亚为纪委书记。

第九次党代会

第九次党代会于 2001 年 4 月 25～27 日举行，会议的主题为"发展、改革、创新",提出学校主要任务是:高举邓小平理论伟大旗帜,贯彻江泽民同志"三个代表"的重要思想,以党的十五届五中全会精神为指导,总结学校党的建设和事业发展的基本经验;确定今后一个时期学校党的建设和思想政治工作的主要任务;选举产生学校新一届党委领导集体;动员全校共产党员和师生员工,发扬传统,解放思想,把握机遇,改革创新,同心同德,继往开来,实现学校"十五"期间跨越式发展,为学校在21世纪的全面与长远发展奠定坚实的基础而努力奋斗。党委工作报告题为《努力开创新世纪南京理工大学建设与发展的新局面》。

会议选举郑亚为党委书记,宋文煜、王晓锋为副书记,党委常委会由马大庆、王晓锋、刘丽华、汪信、宋文煜、杨善志、郑亚、宣益民、徐复铭组成。会议选举马大庆为纪委书记。

第十次党代会

第十次党代会于2007年7月2~4日举行,大会的主题是:创新、发展、和谐。时任国防科工委党组成员、中纪委驻国防科工委纪检组郭炎炎组长与江苏省时任副省长张九汉出席开幕式并发表了讲话。陈根甫做了题为《凝心聚力　创新思路　开创南京理工大学发展的新阶段》的党委工作报告,并提出学校要瞄准高水平研究型大学的建设目标,实施包括学科优化、英才培养、科技创新、人才强校、拓展开放、整合集成在内的6大战略,经过5年左右的努力,取得新突破。

本次大会选举产生了由23人组成的学校第十届委员会和

由 8 人组成的新一届纪律检查委员会。陈根甫任党委书记，王晓锋、马大庆任党委副书记，常委成员为马大庆、尹群、王晓锋、刘刚、宋文煜、陈根甫、宣益民、项银康、钱林方。项银康任纪委书记，李茜任纪委副书记。

第十一次党代会

第十一次党代会于 2011 年 6 月 5 ~ 7 日举行，大会主题是：高举中国特色社会主义伟大旗帜，以邓小平理论、"三个代表"重要思想和科学发展观为指导，全面贯彻党的教育方针，深入学习贯彻党的十八大精神，以立德树人为根本任务，突出质量，彰显特色，以改革创新为主要途径，拓展协同，开放办学，开启建设特色高水平研究型大学新征程。

中央纪委驻工业和信息化部纪检组时任组长郭炎炎等出席并发表讲话。尹群同志代表中国共产党南京理工大学第十届委员会做了题为《坚定信心 锐意进取 开启建设特色高水平研究型大学新征程》的工作报告。报告提出，今后一个时期，学校的奋斗目标为：到 2020 年，学校服务信息化武器装备系统和"两化"深度融合的办学特色更加鲜明，人才培养质量明显提高，学术水平显著提升，服务社会能力更加突出，学校文化长足进步，师生满意度和幸福感进一步增强，核心办学指标水平位次稳居全国高校前 40 位，建成特色高水平研究型大学；到 2053 年，即建校 100 周年时，步入国内一流、国际知名的高水平研究型大学行列。

本次大会选举产生了由 27 人组成的学校第十一届委员会和由 11 人组成的新一届纪律检查委员会。尹群任党委书记，王晓锋、陈岩松任党委副书记，常委委员为王连军、王贵农、王晓锋、尹群、付梦印、刘刚、陈岩松、钱林方、廖文和。王贵农任纪委书记，刘逶迤任纪委副书记。

2 盛典回眸

在60余年的办学历程中，南京理工大学十分注重对自身创业史、发展史、办学史的回顾与总结，各个时期都曾以不同的方式开展庆祝、纪念等活动。

据《南京理工大学（1952～2012）》记载，学校首次举办校庆活动是1960年。当时，以武昌高级军械技术学校和哈尔滨军事工程学院炮兵工程系为基础组建的炮兵工程学院经过千里大搬迁和合并重组，于当年10月8日举行1960级新生开学典礼和1955级学生毕业典礼，并将这一天确定为校庆日。

庆祝建校20周年活动

1993年之前，学校均以每年的10月8日作为校庆日，其中有记载的校庆活动始于1980年（从1960年组建算起）。

1980年10月15日，学校召开庆祝建校20周年大会，同时，学校还举行了第二届学术报告会和建校20周年办学成果主题展。

建校30周年庆祝活动

1990年，学校隆重举办校庆30周年系列活动，共邀请了100余名校友和来宾参加校庆活动。

10月8日上午，华东工学院建校30周年庆祝大会在学院大操场举行，校友、时任中国兵器工业总公司副总经理王德臣等多位嘉宾、校友应邀出席大会并献贺词，时任校长李鸿志在会上作了讲话并陪同工程兵工程学院院长等检阅各系方阵。此次校庆期间，学校特举办建校 30 周年成就展、校庆科学报告会、学校新电话总机房开通仪式。

为迎接校庆 30 周年，学校进一步整合校容，将校园中三号路东侧两个湖疏浚打通，新建了具有民族风格的"三迎桥"（迎国庆、迎校庆、迎亚运），为校园新添一景。

建校 40 周年庆祝活动

1993 年，值新中国第一所综合性高等军事工程学府哈军工创建 40 周年。当年 4 月，由国防科技大学牵头，邀请哈尔滨船舶工程学院（现为哈尔滨工程大学）、解放军装甲兵工程学院、防化指挥工程学院、工程兵工程学院等共 6 所由哈军工衍生的院校的领导以及哈军工北京校友联络处的同志聚集长沙共商纪念事宜。与会同志商定从当年 8 月中旬到 10 月中旬依次在北京、哈尔滨、长沙、南京开展纪念活动。会后，学校党委十分重视，经过专题研究，决定 10 月举行热烈而隆重的校庆纪念活动。相应的纪念筹备活动随即展开。

10 月 17 日上午，南京理工大学纪念哈军工创建 40 周年暨校庆活动在主楼广场隆重举行。时任校领导曲作家、李鸿志与军区、省、部机关领导及兄弟院校代表等近 80 位嘉宾、千余名校友在主席台和观礼台就座。1993 级新生向领导、嘉宾和校友进行了军训汇报表演。同学们那铿锵有力的步伐、撼人心魄的口号，那整齐的方阵、涌动的绿潮，充分展示了新一代大学生的精神风貌，博得了阵阵掌声。

庆祝活动历时3天，其间嘉宾们还听取了学校工作汇报、参观了校史展、科技成果展、学生宿舍等。此后，学校明确校庆活动与其他由军工衍生的院校同步，即将1953年哈军工创建作为学校建校起始年份。

建校45周年庆祝活动

1998年9月26日，南京理工大学庆祝建校45周年大会在大操场举行。中国兵器工业总公司时任副总经理张维民、江苏省时任副省长王珉、省人大常委会时任副主任王霞林、老院长李仲麟等在主席台就座，国内50余所高校、学校30余家董事单位的代表到会祝贺，千余名校友及学校师生、老同志参加了大会。庆祝大会上，张维民副总经理、王珉副省长共同为时任中共中央总书记江泽民题写的"南京理工大学"校名揭牌。2000余名新生进行了军训汇报表演，内容包括分列式、刺杀操、战术演练等，赢得了与会嘉宾与校友的阵阵掌声。

50周年校庆活动

2003年9月20日，南京理工大学50周年校庆庆典大会在第一运动场隆重举行。时任中共中央总书记、国家主席胡锦涛同志通过中共中央办公厅向南京理工大学50周年校庆表示祝贺。时任中共中央政治局常委、全国人大常委会委员长吴邦国发来贺信祝贺，时任中共中央政治局常委、国务院副总理黄菊也通过国务院办公厅向学校表示祝贺。刘华清、曹刚川、回良玉、陈至立、周光召、丁光训、徐匡迪、张怀西等时任党和国家领导人也发来贺电、贺信。总装备部、教育部等部委、中国人民解放军海陆空三军领导部门、各省市领导、各高校校长、著名院士等也给大会发来贺信或贺电。校庆前夕，时任江苏省委书记李源潮专程考察南京理工大学，看望师生员工，向南理工 50 周年校庆表示祝贺。

出席庆典大会的社会各界嘉宾有：时任全国政协副主席丁光训，时任江苏省人民政府省长梁保华，时任全国人大财政经济委员会副主任委员、全国人大常委会预算工作委员会主任刘积斌，南京军区副政委熊自仁中将，时任中共江西省委副书记彭宏松，以及中国科学院院士、"两弹一星"元勋任新民校友，国防科技大学时任校长温熙森中将。此外，参加庆典大会的还有：十大军工集团公司的领导及 300 多家企事业单位的领导，德国慕尼黑工业大学、日本东京大学、美国新泽西理工学院、台湾东华大学、南京大学等来自 14 个国家和地区的高校领导，南师大附中等 60 多所全国著名中学的校长，以及 40 多位中科院、工程院院士和著名专家学者。

校庆期间，学校围绕"人文、学术、科技、开放"的主题举办了一系列庆祝活动，如承办全国第三届纳米材料和技术应用会议、举行校史及发展成就展开幕式、举办"十五"规划建设系列工程竣工仪式、举行国家专利产业化试点基地挂牌暨高新技术成果展示洽谈会、举办大型文艺演出"光荣与使命"等。

55 周年校庆活动

建校 55 周年系列庆祝活动于 2008 年 9 月 10 日至 19 日举办，以"学术、文化、发展"为主题，按照"务实、高效、勤俭"的原则开展。9 月 10 日，学校 55 周年校庆活动启动仪式暨 2008 年教师节表彰大会举行。校庆期间学校举办了 30 多场学术讲座、成

立了南京校友会理事会、在学校原址现哈工程 21 号楼前竖立了
"溯源"纪念石碑、举办了书画摄影作品展和文艺晚会,共开展了
十多个专项活动。学校还邀请清华大学金涌院士、北京大学刘元
方院士与唐孝炎院士等来校作学术讲座。

60 周年校庆活动

2013 年,南京理工大学以"使命、传承、跨越"为主题,
本着"教育为本、彰显特色、简朴热烈、以庆促建"的原则
举办校庆 60 周年系列活动,突出校庆的学术性、文化性和参
与度。

9 月 21 日,南京理工大学隆重举行建校 60 周年庆祝大会。
工业和信息化部人事教育司司长衣雪青,江苏省人民政府副省
长曹卫星,白俄罗斯共和国教育部部长马斯盖维奇·谢尔盖·
亚历山大洛维奇,国家国防科技工业局时任副局长黄强,江苏
省政协副主席洪慧民校友,江苏省教育厅厅长沈健校友,中国
兵器工业集团公司副总经理曾毅,中国兵器装备集团公司副总
经理聂晓夫校友,中国电子科技集团公司副总经理王政,中国
航天科技集团公司代表孙为纲总工程师,中国电子科技集团公
司代表人力资源部彭卫东部长,以及在哈军工、炮兵工程学院、
华东工程学院、华东工学院、南京理工大学学习、工作过的老
领导、历届校友、在校师生代表、各界来宾,共计 1200 余人出
席庆祝大会。此外,还有许多单位、领导和各界人士对南京理
工大学建校 60 周年给予了关注和厚爱,他们纷纷以题词、贺
信、寄语等多种形式,表达对南理工 60 华诞的深深祝福。杰出
校友、全国政协副主席卢展工通过视频表达了对母校的深情厚

谊和对学校发展的期望。原中共中央政治局委员、中央军委副主席曹刚川，全国人大常委会原副委员长顾秀莲，诺贝尔物理学奖获得者李政道，时任湖南省政协主席陈求发，总装备部科技委原副主任韩延林，等等，为校庆题词。65 位两院院士，近百所兄弟高校、海内外校友会以及合作单位等致贺信。

建校 60 周年庆典盛况

南京理工大学时任校长王晓锋在大会上做了题为《豪情创业、热情创造、激情创新，坚定不移建设国内一流国际知名高水平研究型大学》的演讲。他深情回顾了南理工 60 年来的光辉历程，介绍了南理工在这一个甲子中取得的辉煌成就，阐述了南理工建设国内一流、国际知名的高水平研究型大学的发展方略。

除举办庆典大会外，学校在校庆期间还举办了国防科技前沿技术论坛、中外大学校长报告会、第四届国际创新设计与教育论坛、书画名家作品展、师生文艺演出等多项活动。

此外，学校师生和各地校友还通过各种方式庆祝母校 60 华诞。校庆当天，众多海外校友通过人民网、江苏网络电视台、南京理工大学网络电视台等途径观看了校庆庆祝大会视频直播，其中仅人民网直播点击量就达 29 万人次。广大校友还通过微博、微信等方式传递对母校 60 华诞的美好祝愿，学校官方微博博文阅览量达 699286 次，为平时浏览量的 60 倍。苏州校友会组队骑行 200 多公里、历经 13 个小时来宁参加母校校庆活动。

此前，学校围绕校庆这一主题开展了一系列专题活动：组织专门力量编撰出版了《南京理工大学纪事（1952~2012）》等 9 本校史及文化系列丛书；对校史展览馆、兵器博物馆进行重新布展；建成了反映人民军工发展历程的友谊河南岸历史文化景观带"止戈园"；组织学生代表开展"追本溯源、再续辉煌"主题骑行活动；以"梦想传递、寄语未来"为主题邀请国内外院士为当代大学生撰写寄语；开展"汇聚微力量、成就中国梦"主题教育实践活动；等等。

60 年来，南理工始终肩负培育英才的重任，厚基础、重能力，造就了一大批治国兴邦之才；60 年来，南理工始终围绕国家重大发展战略，瞄准科技前沿，为国防现代化和"两化"融合奉献了一系列高水平科技成果；60 年来，南理工始终坚持服务社会、开放办学，为推动社会进步与国际交流做出了重要贡献；60 年来，南理工始终传承"哈军工"传统，大力弘扬献身精神，形成了特色鲜明的校园文化。

今天的南理工，正处在中国社会转型的重要历史阶段，处在全球化的世界历史进程之中，两者交织在一起，呈现出无限的机遇，也为大学赋予了新的使命和内涵。面对新机遇、新挑战和新要求，面对高等教育发展的新趋势，南理工必须勇敢地承担起新的历史使命，既要继承传统、坚守职责，又要与时俱进、转型发展，以崭新的精神面貌，全新的发展方式，回应需求和挑战，努力成为新技术、新知识、新思想的重要策源地，成为推动中华民族伟大复兴的参与者、推进者和领跑者，为实现伟大的"中国梦"贡献力量！

附　录

1. 南京理工大学历史沿革简图

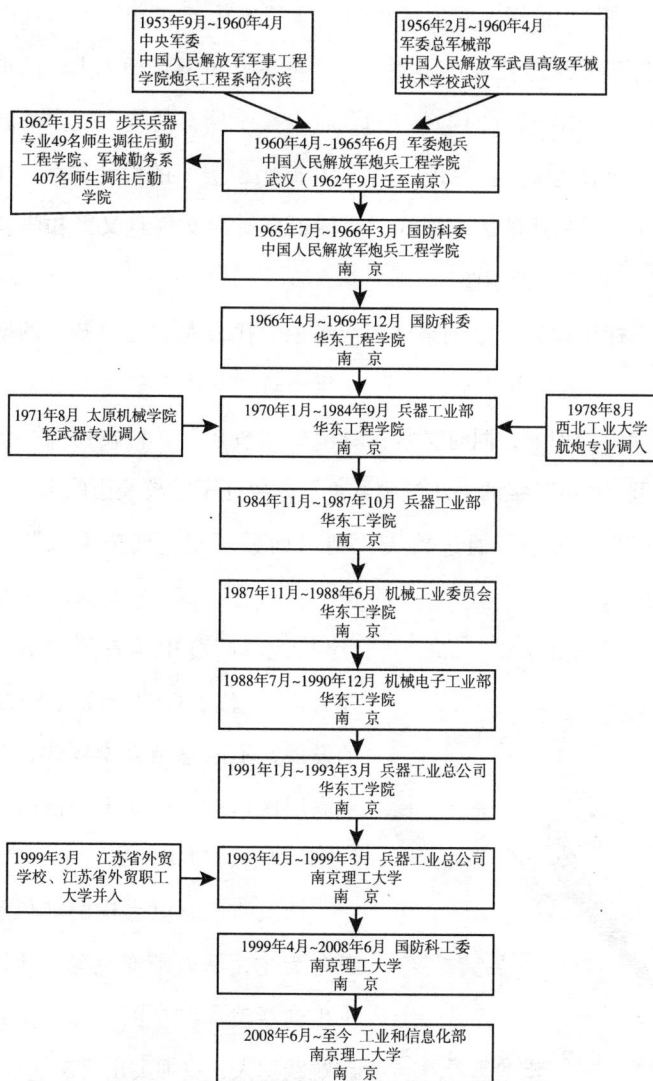

```
┌─────────────────────┐        ┌─────────────────────┐
│1953年9月~1960年4月    │        │1956年2月~1960年4月    │
│中央军委              │        │军委总军械部          │
│中国人民解放军军事工程│        │中国人民解放军武昌高级军械│
│学院炮兵工程系哈尔滨  │        │技术学校武汉          │
└─────────────────────┘        └─────────────────────┘
```

┌─────────────────────┐
│1962年1月5日 步兵兵器 │
│专业49名师生调往后勤 │   ┌─────────────────────────┐
│工程学院、军械勤务系 │───────▶│1960年4月~1965年6月 军委炮兵│
│407名师生调往后勤   │   │中国人民解放军炮兵工程学院│
│学院   │   │武汉（1962年9月迁至南京） │
└─────────────────────┘   └─────────────────────────┘

┌─────────────────────────┐
│1965年7月~1966年3月 国防科委│
│中国人民解放军炮兵工程学院│
│南　京   │
└─────────────────────────┘

┌─────────────────────────┐
│1966年4月~1969年12月 国防科委│
│华东工程学院   │
│南　京   │
└─────────────────────────┘

┌────────────────┐   ┌─────────────────────────┐   ┌────────────────┐
│1971年8月 太原机械学院│──▶│1970年1月~1984年9月 兵器工业部│◀──│1978年8月   │
│轻武器专业调入   │   │华东工程学院   │   │西北工业大学   │
└────────────────┘   │南　京   │   │航炮专业调入   │
                      └─────────────────────────┘   └────────────────┘

┌─────────────────────────┐
│1984年11月~1987年10月 兵器工业部│
│华东工学院   │
│南　京   │
└─────────────────────────┘

┌─────────────────────────┐
│1987年11月~1988年6月 机械工业委员会│
│华东工学院   │
│南　京   │
└─────────────────────────┘

┌─────────────────────────┐
│1988年7月~1990年12月 机械电子工业部│
│华东工学院   │
│南　京   │
└─────────────────────────┘

┌─────────────────────────┐
│1991年1月~1993年3月 兵器工业总公司│
│华东工学院   │
│南　京   │
└─────────────────────────┘

┌────────────────┐   ┌─────────────────────────┐
│1999年3月 江苏省外贸│──▶│1993年4月~1999年3月 兵器工业总公司│
│学校、江苏省外贸职工│   │南京理工大学   │
│大学并入   │   │南　京   │
└────────────────┘   └─────────────────────────┘

┌─────────────────────────┐
│1999年4月~2008年6月 国防科工委│
│南京理工大学   │
│南　京   │
└─────────────────────────┘

┌─────────────────────────┐
│2008年6月~至今 工业和信息化部│
│南京理工大学   │
│南　京   │
└─────────────────────────┘

2. 南京理工大学 50 周年和 60 周年校庆标识

50 周年校庆标识

南京理工大学校庆 50 周年标识由李凯设计。

该标识的图案整体形象为汉字草书体的"知"字,同时也为阿拉伯数字"50",并且整个图案是由南京理工大学的英文缩写"NUST"的 4 个字母组成。整个图案的构成元素清晰明确地表达了"南京理工大学 50 周年校庆"的设计主题,又采用中国书法的表现形式,使标识富有人文气息又紧扣学校"人文校庆"的主题。

标识"知"字的整体图案形象,代表大学是"知识的殿堂",表达了南京理工大学 50 年来对"知识"这一社会发展推动力的理解,同时又紧扣着"学术校庆""科技校庆"的主题。"知"字的书法笔画共 4 笔,象征了学校经历的 4 个发展时期,表达了通过校庆达到"回顾历史,展望未来"的意义。

标识由"50"和"知"字构成,暗合中国古语"五十知天命",代表着学校经过 50 年的发展,不断总结办学规律,向更高层次迈进,在知识经济时代"抓住机遇,迎接挑战"。

标识的色彩以喜庆的红色和黄色为主,辅以渐变色彩,使图形生动活泼,整个图形像一个奔跑跳跃的人,更加突出喜庆气氛。

50 周年校庆标识

标识整体识别性强，造型独特，极具现代感，且寓意丰富深刻，具有强烈的视觉冲击。

60 周年校庆标识

南京理工大学校庆 60 周年标识经广泛征集、专家评审、面向师生征求意见、学校审定等环节最终确定。该标识由广西籍画家杨恒山主创，由学校设计艺术与传媒学院王辉老师修改完成。

标识以数字"60"为主体，辅之以学校的中、英文校名及年份数字"1953"和"2013"。该标识的寓意为：右上方数字"0"外圈为正圆，中间白色部分既形似火苗，又如刚刚萌生的胚芽，辅以其下方的年份数字"1953"，代表学校事业初创；左上方数字"6"形同烈焰，辅以其下方的年份数字"2013"，代表学校事业蒸蒸日上。右上方数字"0"至左上方数字"6"由远及近，象征学校历经六秩春秋，砥砺耕耘，弦歌不辍；"6""0"造型又酷似桃李形状，含"桃李满天下"之意。

整体造型似熊熊火焰，象征学校事业薪火相继，兴旺发达，也象征着南理工人精神饱满、昂扬奋进，携手共创美好未来。火焰发光发热，能彰显学校以"献身"精神为核心的文化特质，也体现了学校"繁荣祖国、奉献社会"的办学使命与价值取向。

60 周年校庆标识

参考文献

崔洁:《"千里眼"巡看万里海》,《中国气象报》,2008年3月21日。

高艾苏、祝寿清:《"将军教官"刘怡昕纪事》,《解放军报》,2000年9月4日(第1版)。

宫载春、刘德胜:《观乎人文——南京理工大学文化建设成果巡礼》,南京大学出版社,2013年。

宫载春:《使命》,《南京理工大学报》,2003年9月20日。

李常明、张勇:《从放牛娃到"博导"——记空军工程大学工程学院一系主任李应红》,《解放军报》,2002年10月7日。

李传训、刘文韬、刘转林:《空管总体专家陈志杰蓝天架起"高速路"》,《解放军报》,2008年1月15日。

李犟:《弘毅——新中国第一代国防科技教育工作者传奇》,南京大学出版社,2013年。

南京理工大学校史编撰组：《南京理工大学纪事（1952～2012)》，南京大学出版社，2013 年。

滕叙兖：《哈军工传》，湖南科学技术出版社，2006 年。

滕叙兖：《哈军工将军画传》，哈尔滨工程大学出版社，2013 年。

王凡：《一生奉献给军工事业的将军李仲麟》，《现代快报》，2012 年 2 月 20 日。

王虹铈：《孝陵卫营房漫话》，东南大学出版社，2011 年。

周猛、张彦中：《刘怡昕先进事迹报告会举行》，《解放军报》，2000 年 9 月 9 日。

后　记

　　为庆祝南京理工大学 60 周年华诞，经过广大校史编撰人员的辛勤付出，《南京理工大学纪事（1952～2012）》于 2013 年 8 月由南京大学出版社出版，填补了学校之前一直没有公开出版过校史的空白。60 周年庆祝活动过后，如何使校史编撰、宣传与教育工作转入常态化，便成为学校宣传部门工作人员应重点思考和探索实践的课题。

　　其实，在 60 周年校庆后，围绕进一步推进校史研究与教育，尤其是校史知识的普及，许多师生都提出了很好的建议。这些建议包括继续保持校史编撰人员队伍、深度发掘校史史料、继续出版内部刊物《校史编撰资讯》、进一步针对广大师生加强校史教育、开设校史教育选修课等。从这些建议中，我们可以看到广大师生尤其是离退休老同志对学校怀有深厚感情和强烈归属感。然而，由于人手有限，特别是编撰《南京理工大学纪事（1952～2012）》的人员均为兼职，在"后校庆"时代很难长期抽出大量时间专门从事校史资料的发掘、整理与编撰工作，也很难继续在短期内形成一大批校史研究成果。换言之，今后的校史编撰工作将逐渐由"运动式"的集中进行转向"常态化"，使之成为学校宣传思想文化以及档案保存、研究、展示等工作的应有之义。为此，学校宣传部根据校第十一次党代会提出的实施"文化引领行动"的要求，决定在今后几年中，继续依托《南京理工大学纪事（1952～2012）》的原班编撰人员，陆续编撰、出版一批校史文化读物。

《南京理工大学史话》主要依据《南京理工大学纪事（1952～2012）》中记载的重大事件，按照"史实可靠、可读性强"的基本原则而编撰、出版的校史类普及读本。其中，第一章"巍巍鸿庠"主要介绍学校的地望、沿革、文化等内容；第二章"矢志长歌"分 5 个部分介绍学校 60 余年办学过程中的重大事件；第三章"国之重器"主要以人物小传的形式介绍在学校工作、学习过的将军、学者、专家们的精彩人生和他们与学校的渊源；第四章"甲子足音"主要介绍学校历次党代会和校庆活动在总结学校办学历史、描绘未来发展蓝图等方面的重大意义。第二章"矢志长歌"是全书的重点，该章主要以事件发生的时间为序，而事件的后续发展情况往往归于"首次""首批"条目下。这样处理的原因在于，一是本书篇幅有限，不能对学校历史上的每一事件进行详述；二是作为"史话"，主要探究事件的"原点""原委"，以对我们现在的工作能有相应的借鉴、参考意义。全书力争突出"史话"特点，尽量做到便于传播、通俗易懂。

承《中国史话》编委会盛邀，《南京理工大学史话》得以纳入其中，并由社会科学文献出版社出版。在此，衷心感谢《中国史话》编委会以及社会科学文献出版社的王建军、李旭龙和王敏等老师的大力协作与辛勤付出。本书由叶海、季卫兵主编，李翚、杨萍、施军、刘琳、孙惠惠、陈育凡、刘洪亮、朱志飞、王琳、谈悠、李英、葛玲玲、赵刚等参与编写。

　　本书作为开展校史教育、推进校史知识大众化的一种尝试，其中观点未必准确、表述未必详尽，请广大师生及业内行家批评指正。

《南京理工大学史话》编撰组

2015 年 7 月 7 日

史话编辑部

主　　任　袁清湘

成　　员　(以姓氏笔画为序)

王　和　王　敏　王玉霞　连凌云

范明礼　周志宽　高世瑜　韩莹莹

行政助理　苏运才

图书在版编目（CIP）数据

南京理工大学史话/叶海，季卫兵主编. —北京：社会
科学文献出版社，2015.11
（中国史话）
ISBN 978 - 7 - 5097 - 7307 - 9

Ⅰ.①南…　Ⅱ.①叶…　②季…　Ⅲ.①南京理工大学 -
校史　Ⅳ.①G649.285.31

中国版本图书馆 CIP 数据核字（2015）第 064729 号

"十二五"国家重点图书出版规划项目

中国史话·文化系列
南京理工大学史话

主　　编/叶　海　季卫兵

出 版 人/谢寿光
项目统筹/宋月华　谢　安　　责任编辑/王　敏

出　　版/社会科学文献出版社·史话编辑部（010）59367143
　　　　　　地址：北京市北三环中路甲 29 号院华龙大厦　邮编：100029
　　　　　　网址：www. ssap. com. cn
发　　行/定制出版中心（010）59366509　59366498
　　　　　　市场营销中心（010）59367081　59367090
　　　　　　读者服务中心（010）59367028

印　　装/三河市尚艺印装有限公司
规　　格/开　本：889mm×1194mm　1/32
　　　　　　印　张：5.75　字　数：122 千字
版　　次/2015 年 11 月第 1 版　2015 年 11 月第 1 次印刷
书　　号/ISBN 978 - 7 - 5097 - 7307 - 9
定　　价/25.00 元